U0113626

中国古代大政治家的治国智慧

◎ 马平安 著

安石治术
摧制豪强与理财兴国

中国文史出版社

图书在版编目（CIP）数据

安石治术：摧制豪强与理财兴国 / 马平安著 . --
北京：中国文史出版社，2021.12
（中国古代大政治家的治国智慧）
ISBN 978-7-5205-3163-4

Ⅰ.①安… Ⅱ.①马… Ⅲ.①王安石（1021-1086）—生平事迹
Ⅳ.①K827=441

中国版本图书馆 CIP 数据核字 (2021) 第 181690 号

责任编辑：窦忠如

出版发行：中国文史出版社
社　　址：北京市海淀区西八里庄路 69 号院　邮编：100142
电　　话：010-81136606　81136602　81136603（发行部）
传　　真：010-81136655
印　　装：廊坊市海涛印刷有限公司
经　　销：全国新华书店
开　　本：787×960　1/32
印　　张：7.5
字　　数：130 千字
版　　次：2022 年 9 月北京第 1 版
印　　次：2022 年 9 月第 1 次印刷
定　　价：42.00 元

作者简介

马平安，1964年生，河南卢氏人，历史学博士，中国社会科学院近代史研究所研究员、中国社会科学院大学教授。出版著作《晚清变局下的中央与地方关系》《近代东北移民研究》《北洋集团与晚清政局》《中国政治史大纲》《中国传统政治的基因》《中国近代政治得失》《走向大一统》《传统士人的家国天下》《黄帝文化与中华文明》《孔子之学与中国文化》等30余部，发表文章50余篇。

总　序　治理国家需要以史为鉴

世上任何事情的出现，都是一种因缘关系在起作用的结果。

这套即将问世的政治家与中国传统国家治理智慧的小丛书，即是本人对中国传统政治与文化多年学习与思考后水到渠成的一种自然的结果。

从宏观上来看，国家的治理是一项十分复杂的系统工程。但如果将这一复杂性和系统性作抽象的归类，其基本内容则主要只有两项，也就是《管子·版法解》中所说的"治之本二：一曰人，二曰事"。这其中，人才是关系国家兴衰的第一要素，所以《管子·牧民》篇又说："天下不患无臣，患无君以使之；天子不患无财，患无人以分之。"历史上，政治家对国家制度的探讨、官员的任用、民众的管理、财政的开发、外交的谋划、各种突发事件的应对及处理，等等，无不是对国家治理经验的丰富与积淀，而由这些内容所形成的政治文化，就成为中华民族文化中极其重要的组成部分。

中外古今大量历史经验表明，一个国家和民族的存在与发展，最根本的依赖是文化，以及由文化而产生出来的文化精神。民族的文化精神是一个国家和民族赖以生存和发展的支柱，是一个国家和民族的脊梁，代表着一个国家和民族的精气神。离开了文化和文化精神的支撑，该国家或民族的存在便无以为继。从周公到康熙皇帝，他们都是在中国乃至中华民族发展历史上作出了巨大贡献的杰出人物，他们缔造的政治制度、所展现的政治智慧，都成为中国文化精髓中的重要组成部分，对中华民族的传承与发展有着不可替代的支撑作用。

中国古人懂得总结历史经验教训的重要性，应该是从黄帝时代就开始了，但有明确文字记载的，则要从周人说起。

周人对历史经验的总结、回顾，从文王时代就已经有了明确的记载。《诗经·大雅·荡》篇引文王所说的"殷鉴不远，在夏后之世"，就是周文王针对殷纣王不借鉴也不重视夏后氏被商汤灭亡的教训所发出的叹惜。朱熹在其《诗集传》中说："殷鉴在夏，盖为文王叹纣之辞。然周鉴之在殷，亦可知矣。"文王一方面为殷纣王而叹惜，另一方面也以历史的经验教训作为周人的戒鉴。

殷商灭亡后，周武王、周公以及其他一些有为的周王和辅政大臣更是常常总结夏殷两代人的经验教训。这可以分成两个方面，一方面是对夏殷两代成功统治经验的总结以供学习、效法；另一方面是对夏殷两代执政者的罪过、错误和失败教训的总结以供戒惕。这种模式，可以说是开了中国人史鉴意识的先河。

周人思维的特征之一就是习惯以古观今，拿历史来借鉴、说明、指导现实以照亮未来前进的方向。周初统治者即是这种思维特征的代表人物。周公治理国家，不仅总结了夏殷两代失败的历史教训，而且还总结了夏殷先王成功的历史经验，并对这些经验予以高度的赞扬和汲取，从而开创了中国历史上的封建政治制度与建立了家国一体的文化意识。从《周易》《尚书》《诗经》《周礼》《仪礼》等若干先秦文献中，都可以看到周人具有的这种浓郁的史鉴意识。这种文化意识，深深地影响了中国人的文化与心理。

在现实生活中，我们在欣赏画作时，都知道每幅作品中藏着一个画魂，这个"魂魄"，往往代表了这幅画境界的高低与价值的大小。

以史观画，史学的作品，又何尝不是如此呢？

本丛书之"魂"，即是"传统国家治理的经验与教训"。这是一条古代政治家治理国家所汇集而成的波浪滔天、奔流不息的历史长河，在这条奔腾前行的河面上不时迸溅出交相辉映、绚丽夺目的朵朵浪花。

这也是一条关于中国古代治理智慧的珍珠玛瑙链，是对古代政治家治国理政智慧和务实政治原则的浓缩，是对古代统治者及关注政治与民生的政治思想家们勇猛精进所创造历史的经验教训的一种总结。

纵观中国古代治理史，夏、商、周三代，周公对国家的治理最具有代表性，他封邦建国，创建宗法制度、礼乐文化，以德治国，注重史鉴，对中国传统政治文化价值体系的形成和发展，有着独特的贡献。春秋时期，孔子对国家治理的思考与探索亦堪称典型。他把政治的实施过程看作是一个道德化的过程，十分强调执政者自己在政治实践中以身作则的表率作用，主张"礼治""德治""中庸"，十分强调统治者在治国理政中富民、使民、教民的重要性。战国时期，商鞅改革的成就史无前例。商鞅最重视国家的"公信力"，他主张用法治手段将国民全部集中于"农战"的轨道，"法""权""信"构成了他的治国三宝。在商鞅富国强兵政策的基础上，秦王嬴政实现了国家的统一。秦始皇所开创的中华帝制、郡县制，所拓展的疆域，进一步奠定了中华民族发展的基础。楚汉战争胜利后，刘邦建汉。作为一个务实且高瞻远瞩的政治家，他更具有史鉴意识，采用"拿来主义"，调和与扬弃周秦政治，他的伟大之处在于实行"秦果汉收"，兼采周公与秦始皇治国理政的长处，从而较好地解决了先秦中国政治遗产的继承和发展问题。汉武帝是继周公、孔子、秦始皇、汉高祖之后又一具有雄才大略的不世之主。他治国理政兼用王霸之道，在意识形态上采取文化专制主义，尊崇儒术，重视中央集权以及皇权的建设。三国两晋南北朝时期，因为分裂与战乱，这一时期鲜有在国家治理方面高水平的大政治家，其间尽管有曹操的挟天子以令诸侯、在北方开辟屯田；诸葛亮治理西蜀与西南地区，但皆无法与统一强大王朝的治理体系与能力相媲美。唐宋时代，唐太宗、宋太祖对国家的治理堪为后世示范。唐太宗的三省制衡机制、宋太祖对文官制度的重视与建设都很有特色。北宋后期有王安石变法，但这种努力以失败而告终，非但没有能够挽救北宋王朝，相反倒十足加剧了北宋的动荡与灭亡。明代中后期，统治者一直在寻找振兴之路，其中以张居正新政最具代表性。张居正治国理政所推行的考成法与一条鞭法，为后来治国者的治吏与增加财政收入提供了经验教训。清朝前期，康熙皇帝用理学治国，用各民族团结代替战国以来的"长城线"边防思维，今天中国五十六个民族、幅员辽阔的疆域领土、大国的自信，等等，都是那个时候奠定的。康乾盛世是中国古代五大盛世中成就最高的盛世，康熙皇帝治国理政的经验教训值得总结。

从历史上看，历代帝王圣贤皆重视治国理政、安民惠民，这是经济义理之学所以能成为中国传统文化核心特征的一大重要因素。

笔者以为，在追求学问之路上，大致可以分为四重境界来涵养：

第一重境界，专业之学。也可以称为职业之学，是人们讨生活、养家庭，生存于天地、社会间必具的一门专业学问。只要努力与坚持，人人可为，尽管会有程度高低不同。

第二重境界，为己之学。也可以说是兴趣之学、爱好之学、养基之学。对于这种学问，没有功利，不为虚名，只为爱好而为之。

第三重境界，立心之学。在尽可能走尽天下路、阅尽阁中书，充分汲取天地人文精华的基础上，立志尽己之能为人间留一点正能量的东西，哪怕是炳烛、萤火之光。

第四重境界，治国平天下之学。这种学问在实践上有诸多苛刻条件的限制，无职无位无权者很难走得更远；在理论上也需要有远大抱负、超凡脱俗之人来建树。做这种学问的目的，在于"为万世开太平"，为民族为国家之繁荣富强，为民众之安康福祉，生命不息，追求不已。

从格局上看，古人读书写作多非专职，由兴趣爱好适意为之，因为不是为了"衣食"，故以"为己"之学为多，其旨意亦多追求"立德立功立言"，在著作上讲究"经济义理考据辞章"。窃以为，古人眼中的"经济"，远不是今人所说的"经济"。"经"者，经邦治国；"济"者，济世安民也。经邦治国，济世安民才是古人心中的"经济"之学。"义理"是追求真理，为世人立心，替生民立命。"考据"重在材料在学术研究中的选择及运用。"辞章"则是重视文采的斑斓与华丽。对"经济""义理"的向往和追求是国人的动力，是第一位的。孔子曰："言而无文，行之不远。"此"文"说的就是"经济""义理"。"考据"需要勤奋、细心、谨慎、坚持就可以做到。"辞章"则往往与人的天赋与性格关系很大，千人千面，很多不是通过努力就能达到的。姚鼐在《述庵文钞·序》上说："余尝论学问之事，有三端焉，曰：义理也，考证也，文章也。"章学诚在《文史通义·说林》中说："义理存乎识，辞章存乎才，征实存乎学。"今天，如何学习与继承中国古人优良的著述传统，在生活实践中树立"修齐治平""家国天下""立德立功立言"三不朽意识，将"经济义理考据辞章"融会贯通，目前还有很多值得努力的地方。

从学术角度言，一部好的史学作品，离不开对史料的抉择与作者论述的到位。资料的充实、可靠，作品的立意高格、布局得体是形成一部好作品的必要条件，尤其是资料是否充实、可靠更是研究工作的基础。很明显，本丛书的立意布局都需要充实的资料来讲话。不幸的是，中国虽然是一个历史大国，然而扫去历史的尘埃，一旦进入相关领域认真搜寻探究，就会发现，史料的不足与缺乏成为制约史学作品完善与深入的瓶颈。从现有资料看，研究周公治国主要有《周易》《今古文尚书》《周礼》《仪礼》等；商鞅有《商君书》、出土的文物、《史记》等，孔子有五经、《论语》等；秦始皇有《史记》中的《秦始皇本纪》《秦本纪》，以及一些出土的秦简、文物等；汉高祖、汉武帝有《史记》《汉书》及汉人留下的一些著作；唐太宗有《贞观政要》《新唐书》《旧唐书》等；宋太祖有《宋史》《续资治通鉴长编》《续资治通鉴》等；王安石有《王安石全集》《宋史》《续资治通鉴长编》等；张居正有《张太岳集》《明史》《明实录》等；康熙皇帝有《康熙政要》《清史稿》《康熙起居注》《清实录》等，可作为参考。但说实话，这些资料仍然很不够，一句话，资料的缺乏与不足影响了本丛书认识与探索的空间，这也是美中不足、无何奈何的事情。

此外，史学作品要求一切根据资料讲话的特点，也决定了其风格只能是如绘画中的工笔或白描，而不能采用写意的手法，随意挥洒，这也影响了作品的表达形式。

本丛书是为人民大众服务的，首先，需要风格活泼、生动、有趣味，文字通俗、流畅、易懂、可读；其次，力求作品的学术性、严肃性与准确性。也许，只有在坚持学术性、严肃性与准确性的前提下，把学究式的文风变成人民大众喜闻乐见的文风，才能收到更广泛的社会效应。但我深知，很多地方还远远没有做到。"路漫漫其修远兮，吾将上下而求索。"大众学术一直是笔者努力的方向。

目前，中国正在进行伟大的变革，如何推进国家治理体系和治理能力现代化，这既是全面深化改革的热点，更是一个难点问题。在中国这样一个具有悠久历史和文化传统的国度里，我们必须遵循中华民族自身的发展规律，循序渐进地向前迈进。

习近平总书记指出："一个国家选择什么样的国家制度和国家治理体系，是由这个国家的历史文化、社会性质、经济发展水平决定的。"这提醒我们，中国的发展道路具有中国自身特色，实现中国国家治理现代化，离不开中国历史传承和文化传统，离不开中国经济社会发展水平，离不开中国人民自己的选择。

历史与文化是"民族的血脉，是人民的精神家园"，历史不能割断，实现中国国家治理现代化，需要中国"历史传承和文化传统"，源于"古"而成就于"今"，从中国古代的政治实践中汲取有益的营养，努力探寻传统文化的现代转化，为构建当今和谐社会提供借鉴，这是本丛书问世的目的所在。

希望这套小丛书能够多少帮助到对中国古代政治史感兴趣的人们！

作者 2020 年底于京城海淀

目　录

总　序　治理国家需要以史为鉴 · 001

前　言　一个"三不"政治家 · 001

第一章　宋初顶层设计之缺憾 · 015

　　一、宋初形势对创法立制之影响 · 016

　　二、太祖、太宗祖宗家法之局限 · 018

第二章　北宋中期的统治危机 · 028

　　一、"三冗"问题的凸显 · 029

　　二、积贫积弱局面的形成 · 039

第三章　庆历新政的失败尝试 · 044

　　一、以澄清吏治为核心的新政举措 · 045

　　二、庆历新政失败之主客观因素 · 052

第四章　地方任上的治理探索 · 067

　　一、鄞县时期的治理探索 · 068

　　二、舒州通判到江东提刑 · 076

第五章　度支判官的经国思考　·　087
　　一、上仁宗皇帝言事书　·　088
　　二、理财为治国之首务　·　109

第六章　荆公治国理政之方略　·　113
　　一、"择　术"　·　114
　　二、抑制兼并与"理财"　·　120

第七章　熙宁新政之主要内容　·　128
　　一、理财与兴农　·　129
　　二、将兵与保甲　·　139
　　三、取士与兴教　·　145

第八章　朝廷政争与新政失败　·　150
　　一、宋神宗的分歧与新法的成败　·　152
　　二、朝臣政治分野与不断的政争　·　160
　　三、高太后听政与对新法的厌恶　·　173
　　四、王安石的政风与其成败的关系　·　177

结　语　王安石治国论　·　191
　　一、理财为治国之首务　·　192
　　二、"摧抑兼并"　·　194
　　三、崇尚法治　·　196
　　四、如何养育人才　·　200
　　五、兵制改革　·　205
　　六、结　论　·　208

附　录 · *211*

　　一、主要参考书目 · *211*

　　二、王安石行政大事记 · *212*

前　言　一个"三不"政治家

"天命不足畏，祖宗不足法，人言不足恤"是王安石提出来的，这是他为变法求强寻找到的思想武器。

王安石（公元 1021 年 12 月 18 日—公元 1086 年 5 月 21 日），字介甫，号半山，汉族，临川（今江西省抚州市临川区）人，北宋著名的思想家、政治家、文学家、改革家。

这个"三不"口号之所以能由王安石提出，除了他自身的性格因素外，还与北宋士大夫阶层的崛起以及他们治国平天下的雄心和抱负有着很大的关系。

北宋实行崇文抑武、扩大科举选官范围、兴办学校教育等政策，使得士大夫阶层迅速崛起，并且成为北宋政治势力中与能与皇帝共治天下的重要政治力量。

"三不"主张的提出有三个基本历史条件：

一是随着自中唐以来经济重心南移的步伐加快，代表南方新兴经济力量和社会阶层利益的士大夫阶层逐渐开始主导和掌控国家政治的话语权。到北宋中期，以王安石为代表的士人终于获得了"得君行道"的上佳历史机遇。

二是自中唐开始的儒学复兴运动到北宋中叶达到高潮。这个文化复兴运动是当时士大夫们力图改变隋唐以来儒家道德水平迅速下滑局面，融会儒、佛、道三家学说，重新诠释儒家经典，倡行内圣外王，企图重建社会与道德伦理秩序的一种"治平"理想在现实中的努力。

三是王安石以效法"先王之政"来改革"祖宗之法"，摧抑兼并，整顿财政，作为富国强兵的施政理念，企图挽救与缓和北宋中期以来的社会、政治与财政危机的政治需要。[1]"三不足"正是为迎击当时社会上保守力量对变革的普遍反对，为克服困难，坚定救世信念而提出来的。

首先，"天命不足畏"是王安石继承与发展前人思想的结果。

战国时期的思想家荀子认为天人相分，天是自然的，大自然是伟大的，人是有主观能动性的。人的吉凶祸福、贫富夭寿，是人们自己决定的，与上天无关。荀子说："天行有常，不为尧存，不为桀亡。应之以治则吉，应之以乱则凶。强本而节用，则天不能贫；养备而动时，则天不能病；修道而不贰，则天不能祸。"又说："故明于天人之分，则可谓至人矣。"[2]"明于天人之分"是荀子思想的重要特征，他把

---

① 参见范立舟著：《王安石为官之道》，人民出版社 2017 年版，第 212 页。
② （战国）荀况著：《荀子》谢丹、书田译注，书海出版社 2001 年版，第 147 页。

"天""人"做了明确的切割,由此凸显人的能动性与独特价值,他甚至还提出了"制天命而用之"的著名主张。"制天命而用之"的提出,使中华民族认识发展史上的一次巨大的飞跃。这种人能胜天、不信邪、靠自己拼搏的思想,是中国哲学社会科学史上的一笔巨大的精神财富。

然而,到西汉时期,董仲舒讲天人感应,提出宇宙模式,这就是天有十端说,十端是天地阴阳五行与人。具体说来,就是:天、地、阴、阳、木、火、土、金、水、人。他说:"天有十端,十端而止已。"① "天、地、阴、阳、木、火、土、金、水,九,与人而十者,天之数毕也。"② 他利用阴阳五行讲灾异劝戒当政者。在《春秋繁露》中有论阴阳的五篇、论五行的九篇。以阴阳五行讲天人感应、灾异谴告,占相当大的篇幅。董仲舒以天、君、父为阳、为尊,地、臣、子为阴、为卑,因此强调:"孝子之行,忠臣之义,皆法于地也。地事天也,犹下之事上也。"③ "是故《春秋》君不名恶,臣不名善。善皆归于君,恶皆归于臣。"任何荣誉都要归于国君,任何罪过都要臣子承担。臣子做一件事,做好了是应该的,是托皇帝的洪福;做坏了,则是自己的失误。这当然是

---

① (汉)董仲舒撰:《春秋繁露》卷7《官制象天第二十四》,朱方舟整理,朱维铮审阅,上海书店出版社2012年版,第149页。

② (汉)董仲舒撰:《春秋繁露》卷17《天地阴阳第八十一》,第193页。

③ (汉)董仲舒撰:《春秋繁露》卷11《王道通三第四十四》,第166页。

为国君树立权威的说法，这种说法有利于维护君权，维护大一统政权，维护正常、稳定的社会政治秩序。然而事情总有两方面。董仲舒在维护君权的同时，还要对君权有所限制。因此，他又运用天人感应说与谶纬说来警戒君主的胡乱作为。

董仲舒说，为国君者，要法自然，要以德配天。在董仲舒看来，当政的王者不应该不知道天，而天又是难知的。通过阴阳出入虚实的变化来观察天志，通过五行的性能、生克来观察天道。根据阴阳变化，王者在行使授予、剥夺、赏赐、诛杀时要适时恰当，像寒暑四季变化那样。设置官吏，必须知人善任，像使用五行那样。王者要好仁恶恶，常施德政，关心民瘼，讨厌残酷，尽量远离刑罚，像阴阳那样。这些都做好了，王者才可以说"能配天"。

总之，董仲舒系统论证了天人感应说，形成了完整的一套政治思想体系，为后代官员向皇帝进谏提供了实用的理论武器，为制约皇帝权力、稳定政治与社会起了一定的积极作用。"董仲舒的宇宙系统的核心是天人感应，天人感应的目的则在于政治。"①董仲舒的天人感应说："一方面说皇帝代表天意，要人民服从皇帝，这就是所谓'君权神授'。另一方面要皇帝尊天保民，不要胡作非为，这就是所谓'神道设教'。这两方面的意义，在董仲舒的以下两句话中得到充分的体现，

---

① 周桂钿著：《周桂钿文集·秦汉思想研究（肆）·董学探微》，福建教育出版社 2015 年版，第 59 页。

即'屈民而伸君。屈君而伸天'。①董仲舒以天为主导，以天人关系为轴心，以阴阳五行为材料，编造出一套以儒家学说为核心的，融合了先秦诸子思想的天人感应说并将它用于国家的政治生活领域，从此，儒家学说成为中国传统政治思想和文化的主干，统治中国思想界长达两千年之久。

王安石当然不迷信董仲舒的这种牵强附会的政治学说，他否定天对政治制度及其运作的支配权力，认为"天变"与"人事"之间并没有必然联系，灾异与君主的品德之间也不存在着神秘的关联。早在熙宁二年（公元 1069 年），王安石就说过："灾异皆天数，非人事所致。"从而得出了他的"天命不足畏"的著名结论。王安石彻底否定了汉代以来儒学中存在的神秘主义的天人合一说，消除了汉儒所加于"天"的妖妄荒诞的色彩，将"天"所发挥的作用限制在利用庶物、四时递行、万物资始的范围之内，王安石"天变不足畏"的思想，彻底否定可以存在控制与支配皇权观念的可能性，天命（天意）与君德之间的关系被单方面宣布受制于君主，最起码与"天"不存在直接的关系，以此来加强思想专制与中央集权，从而为他与宋神宗变革"祖宗之法"寻找合法的理论武器，挫败政敌们意图利用"君权天授"来挟制宋神宗的阴谋。

---

① 周桂钿著：《周桂钿文集·秦汉思想研究（肆）·董学探微》，第 65 页。

其次，王安石提出的"祖宗不足法"，也可以从《商君书》中找到相同或者相近的观点。

战国时期的大改革家商鞅就曾经说过："三代不同礼而王，五霸不同法而霸。""论至德者不合于俗，成大功者不谋于众。"[①]"圣人不法古，不修今。法古则后于时，修今则塞于势。"[②]"时而治，事有当而功。"[③]

作为一个有志于"平治天下"的政治家，王安石已经清醒地认识到，法随势变，不同的时代有着不同的要求，治理国家就是对时代要求进行全方位的回应，不能死抱着"祖宗之法"不变。如果一味遵循"祖宗之法"，因循苟且，最后必然是向保守势力屈服而一事无成。

北宋旧党中坚陈瓘指责王安石政治方针的本质是"管、商之术"。洛学晚辈杨时抨击王安石"挟管、商之术，饰六艺以文奸言，变乱祖宗法度"[④]。这表明他们洞若观火，并非没有察见王安石思想中异于儒家的政治色调。对于"祖宗之法"的态度，他们在王安石的言行中找到了大量有针对性的批评意见。"道不同不相为谋。"也正是因为如此，在北宋中

---

① （战国）商鞅等著：《商君书》第1卷《更法第一》，张诗同注，上海人民出版社1974年版，第2页。

② （战国）商鞅等著：《商君书》第2卷《开塞第七》，第31页。

③ （清）孙诒让撰：《商子校本》总目第5卷，祝鸿杰点校，中华书局2014年版，第14日。

④ （清）黄以周等辑注：《续资治通鉴长编拾补》卷54《钦宗　靖康元年》，顾吉辰点校，中华书局2004年版，第1711页。

期，几乎所有儒生士大夫都对王安石的变法主张侧目而视，"鸣鼓而攻之"，极尽反对之能事。

然而事实上，要变法，就必须对现行制度与施政的弊端及其根源进行抨击与改革，这就必然会涉及"祖宗之法"。

这也是没有可以选择的选择。

唯有智士，才有眼光、见识欲改变之。

唯有勇士、斗士才敢为之，才能够为之。

北宋立国之后，宋太祖、太宗的一系列举措为宋王朝定下了与前朝迥然有异的政治基调。而显示此种政治基调的规范、法则性的东西，宋人将其称之为"祖宗之法"或"祖宗家法"。

赵宋王朝的治国之道，是由历代的举措决策积淀总结而成的。一般而言，"祖宗家法"是一个完整的、必须维护和遵循的法则。宋人除了对"祖宗之法"循规蹈矩外，亦不乏带有主观色彩的说明与阐发，寄寓着士大夫的政治理念，折射着他们对时政的不满和变更政治的愿望。作为士大夫的个人，当然有权力对"祖宗之法"作出自己的理解和发挥，但这种解释如果过于惊世骇俗，就很难为士大夫群体所普遍接受并以之作为改良时政的工具。

对于王安石在"祖宗不足法"上的标新立异，司马光就旗帜鲜明地加以反对并要求朝廷加以取缔。他说："太祖、太宗拨乱反正，混一区夏，规模宏远，子孙承之，百有余年，四海治安，风尘无警，自生民以来，罕有其比，其法可谓善

矣。先帝（宋神宗）以睿智之性，切于求治，而王安石不达政
体，专用私见，变乱旧章，误先帝任使，遂致民多失业，闾
里怨嗟。陛下（宋哲宗）深知其弊，即政之初，变其一二，
欢呼之声，已洋溢于四表，则人情所苦所愿，灼然可知，陛
下何惮而不并其余悉更张哉？"①这代表着北宋士大夫群体对
"祖宗家法"的态度。这种态度又造就循规蹈矩、不喜生事
的处事风格，而此种风格与宋太祖、太宗"清静无为"的统
治思想相结合，由此酿成宋初七十年黄老政治的局面。

　　应该说，宋初的"清静治国"政策对于宋王朝恢复国力、
渡过危机、稳固统治是有积极意义的。不过随着形势的发展与
变化，黄老政治中循默苟且、颓堕宽弛、因循守旧等问题也明
显地表现了出来，这就需要政治刷新。故而至仁宗之时，有
识之士，均痛感有革新之必要，他们希望回归儒学，回归孔
孟大道，到传统儒家的主流政治思想中去寻找振衰救弊的路
径。于是才会有范仲淹庆历新政、王安石熙丰变法的出现，
但二者又被认为偏离了"祖宗之法"，后者甚至有"管、商之
术"之讥，并由此而诱发大规模的朝野党争，致使国家政事
举措在党争中一再反复动荡，讫于汴京沦陷而未休止。

　　北宋中后期党争在政治思想形态层面所关注的对象，即

---

① （宋）李焘撰:《续资治通鉴长编》卷356《神宗　元丰八年》，上海师范大
学古籍整理研究所，华东师范大学古籍整理研究所点校，中华书局2004年版，
第8522页。

在于治国理念究竟是一意维护还是适时变更"祖宗之法"。王安石"三不足"说，即是于此着眼，"天命不足畏""人言不足恤"者，实际上均是铺垫之辞，最后要说明的只是"祖宗不足法"。这是因为，"祖宗之法"是"格例"，变法就意味着"破格例"。南宋吕中说："我朝善守格例者，无若李沆、王旦、王曾、吕夷简、富弼、韩琦、司马光、吕公著之为相；破格例者，无若王安石、章子厚（惇）、蔡京、王黼、秦会（桧）之为相。考其成效，验其用人，则破格例者诚不若用格例者为愈也。"① 王安石之所以要"破格例"，就在于他深切地体察到北宋中期政治风气之不振。

王安石在嘉祐四年（公元 1059 年）写给宋仁宗的《言事书》中说了千言万语，只不过是为了一件事，那就是要对当时行用的法度大作一番"改易更革"，以使其能合于现实的"所遭之变"和"所遇之势"。在他于熙宁元年（公元 1068 年）与宋神宗初次见面后所写的《本朝百年无事札子》中，对宋朝建国以来所施行的有关财政、经济、军事、教育、选举等方面的规章制度，几乎全都采取了否定态度。他指出本朝承袭了末代流俗的弊端，竟然不见亲友和群臣进行议论批评。皇帝一天到晚，不过是跟那些太监、宫女相处，处理政事，又不过是审理各部门的琐细事务。不能像古代那些大有作为

---

① （宋）吕中著：《类编皇朝大事记讲义》卷 6《真宗皇帝·宰相、执政》，张其凡、白晓霞点校，上海人民出版社 2014 年版，第 135 页。

的皇帝那样，与学士、大夫一起探讨先王的法律制度，以推行于天下。一切事情顺其自然而不作主观努力，对名声和实际情况的关系不加辨察。君子才能之士虽然也被重用，但是奸诈小人也混进朝廷；正确言论虽然也被接纳，但是奸邪之说也同时被采用。用诗歌辞赋记忆之学来寻求天下的才士，而没有采用通过学校培养人才的方法，用出身、资格、辈分排定朝中的官位，而没有考察测试官员的方法。各路监司没有胜任监察的人员，镇守的将领不是经过选择的官员。官员调动频繁，官吏的政绩既不容易考察，而游说夸口之辈，又因此搅乱真实情况。私下结交互相吹捧从而树立虚名的人，大多得到高官；靠自身打拼尽心公务的人，相反倒被排斥压制。所以朝廷官场养成了偷懒懈怠、取悦上司、得过且过、不思进取的邪风。即使有能力的人担任官职，也同庸人毫无差别。农民被徭役所困扰，受不到特别的抚恤和救助，又不为农事设立官员，以便修建农田水利工程。士兵中掺杂老弱病残的人，常常不整顿训练，又不为他们派选将官；让将领长时间掌握边疆防务大权，这也许会重新出现唐末五代的隐患。皇宫禁卫收罗了行伍中的无赖之徒，而没有改变五代时对武夫姑息笼络的不良风气。对皇家宗室没有教育、训导与选拔的具体措施，又没有执行先代圣王根据亲疏关系优待或削减俸禄的方法。对于治理国家财政，大抵没有法度，所以虽然皇帝提倡节俭而民众并不富裕，虽然忧劳勤奋而国家并不富强。幸亏如今不是异族强盛的时候，又没有尧、汤时期的水涝干旱灾患，所以天下太平无事，度过了百年。虽说是人事所为，也是由于上天帮助的缘故啊。①

王安石的"祖宗不足法"的核心之意正在于此。

为与"祖宗之法"相抗衡，王安石又抬出"先王之法"，在这面旗帜下展开自己的变法事业。

王安石认为，天下的忧患，不在于疆场，而在于朝廷；不在于朝廷，而在于君主方寸之地。所以英明的君主要将主要的精力集中在与大臣们讨论大方向、大规划、大道理上来，而不是将宝贵的时间、精力用在具体的事务上，并且还要注重心性的修养，而不是整天操心人事的安排。正是在这样的认识驱使下，王安石利用《周礼》，以《周礼》为理财的原则，指导变法实践。此类托古改制的招数，其重点在于"改"，托古不过是王安石的障眼法罢了。

最后，我们再来看王安石的"人言不足恤"。

"人言不足恤"又作"流俗之言不足恤"讲，王安石的这种观点，也可以从荀子的言论中找到踪迹。

《荀子·儒效》说："法后王，统礼义，一制度，以浅持博，以今持古，以一持万。"②

很显然，荀子的"法后王"是从现实出发的。

---

① 参见王安石著:《临川先生文集》卷41《本朝百年无事札子》，王水照主编:《王安石全集》第五册，复旦大学出版社2017年版，第801—803页。

② 楼宇烈主撰:《荀子新注》，中华书局2018年版，第131页。

王安石引《荀子·正名》说："礼义之不愆兮，何恤人之言兮。"意谓自己既未违反礼义，就不必顾虑别人的闲话。在这里，荀子的"礼义之不愆"，是"何恤人之言"的前提，如果违反了礼义，还是应该顾恤人之言的。兼听则明，在一般情况下，即便"礼义之不愆"，仍然应该虚心承受，博采众议。《荀子·尧问》讲到了周公礼贤下士的谦虚态度，说："上士吾薄为之貌，下士吾厚为之貌，人人皆以我为越逾好士，然故士至。士至而后见物，见物然后知其是非之所在。"① 对于上士，可"薄为之貌"；对于下士，则应"厚为之貌"，接纳多士，"然后知其是非之所在"。这都表示博采众议、广纳人言的必要，具有非常深刻的含义。当然，对于众人的言论，应该加以分析。违反事实的虚妄之言，是可以不予顾恤的；而对于反映事实的真诚之言，则应认真加以重视。

只是，王安石所处的时代以及环境不能让他平心静气地去接纳"众人之言"。

王安石之所以提出"人言不足恤"，对"人言""流俗之言""流俗之论""流俗之人"有着极大的反感，是有原因的。

北宋中期，官僚士大夫集团安于现状，不思进取，一提出变法之议，必然会立刻招来一片反对的声音，范仲淹庆历新政的失败，很重要的原因之一即在于此。因此，王

---

① 楼宇烈主撰：《荀子新注》，第 614 页。

安石深知他的变法改革的困难与压力有多么巨大，知道这些"言""论""人"为变法制造出的巨大障碍是多么的可怕。在士大夫阶层"众口铄金，积毁销骨"的反对声中，他如果不表现出激烈的旗帜鲜明态度，还采取取悦众人的措施，很可能就会引发宋神宗对新法的徘徊与决心的改变，从而使新法中途流产。

王安石告诫宋神宗：陛下把是非好恶揭示出来，使人知晓道义之所在，则中等水平以下的人大多会服从，陛下的意见和相关的建设也就不至于被轻易地败坏。今天的臣僚大多数以为陛下是容易被欺骗的，所以在改革上都没有什么诚意。譬如搬运一座大缸，人必须站在大缸的外面才能搬这座大缸，如果坐在里面，如何能搬运？大缸就是今天想办的事。要想改变流俗之人，应当自拔于流俗之外，才能加以改造；今天陛下坐在流俗之中，如何能搬运流俗，使得这些俗人听从陛下的意见呢？王安石意识到推进变革的首要障碍就是那些因循流俗之辈的谤言之祸。这些人成事不足，败事有余。朝廷今后如果想要进行变革，无论设想和思路是不是成熟，肯定有一帮流俗之人不愿意改革而诋毁改革，朝廷因为不敢做而中止改革。所以变法发动的关键是要在发动之前冲破流俗之见，否则后果不堪设想。也正因为如此，王安石再三劝导宋神宗要乾纲独断，以坚强的意志抵御反对变法的这股强大的流俗之论。"陛下刚健之德长，则天下不命而自随。若陛下不能长刚德，则流俗群党日强，陛下权势日削。以日削之权势，欲胜日强之群党，必不能也。"①他严厉地推行考课法，对不执行新法者予以制裁，"今流俗之人，务在朋党因循，而陛下每欲考功责实；考功责实，最害于朋党因循，则其欲挠陛下之权，固宜如此"。②这种"流俗之言"非但"不足恤"，而且还要采用朝廷法度进行压制，充分反映了王安石在变法事业上的孤独与无奈。

从某种程度上而言，王安石的"天命不足畏，祖宗不足法，人言不足恤"既是建立在对"圣人之道"极端自信的领悟与把握之上，但又何尝不是唐人柳宗元《江雪》诗"千山鸟飞绝，万径人踪灭。孤舟蓑笠翁，独钓寒江雪"境界的翻版呢？王安石就是"孤舟"上的"蓑笠翁"。他孤独、倔强、执着，在"鸟飞绝""人踪灭"的孤地，他要想做成"独钓寒江雪"的事业，就只有义无反顾地前行，除此之外，他还能有什么更好的办法呢？

---

① （宋）李焘撰：《续资治通鉴长编》卷214《神宗　熙宁三年》，第5027页。

② （宋）李焘撰：《续资治通鉴长编》卷215《神宗　熙宁三年》，第5247页。

第一章　宋初顶层设计之缺憾

对于北宋中期的朝廷君臣而言，摆在他们面前的冗兵、冗官、冗费"三冗"问题和所谓的"积贫积弱"状况联结在一起，已构成对他们的统治危机。这种危机根源，如果追本溯源，可以从宋太祖、宋太宗两朝所形成的"祖宗家法"中，找到诸多蛛丝马迹。宋初立国之时，为了解决燃眉之急，在国家治理的战略设计上不免有一些照顾不到的地方，如重内轻外、守内虚外引发的"积弱"；重文轻武、官僚机构庞大臃肿引发的"冗官"；募兵制度引发的"冗兵"以及由上面诸现象造成的"冗费"等，都构成了北宋中后期的政治社会危机，这是王安石变法之远因。

一、宋初形势对创法立制之影响

公元 960 年，赵匡胤建立宋朝后，统治者旋即陷入一个巨大的困境，那就是，如何才能防止五代更替无序历史的重演？

当时的实际情况是，当赵匡胤取得政权之日，他所接收的实际上只是北周政权的一个烂摊子。

就赵宋王朝而言，它所继承的是后梁、后唐、后晋、后汉、后周五个短命王朝的混乱无序的政治态势。在五十三年时间内，改换了五个朝代和八个姓氏的十三个君主。乱哄哄你方唱罢我登场的状态让北宋建立者怵目惊心，如何能避免再成为第六代短命王朝，打破这个周期律，这是北宋建立者亟须要加以解决的最现实、最迫切的问题。

北宋政权建立伊始，所统辖的境土面积狭小，只有处于以开封为中心的中原部分地区，在北边，不但有强大的契丹（辽）政权，在太原还有一个在契丹卵翼之下的北汉政权；在长江流域的上下游及其附近，则有在四川的后蜀、江陵的南平、湖南的楚、杭州的吴越、金陵的南唐；另外还有在广东的南汉、福建的闽等割据政权。这些地区物产丰富，而这些政权的军事实力却都不够强大。赵匡胤曾经随从周世宗柴荣出师征辽，虽也收复了石敬瑭割让给辽的十六州中瀛、莫两州，但这两州并不是以武力攻取得到的，而是两州守臣望风迎降的。如再前去攻打幽州，显然没有足够强大的军事力量。恰巧这时周世宗因病班师，征辽之役遂告终结。通过这次北伐，赵匡胤因此深刻认识到"当今劲敌唯在契丹"，所以在他夺得政权后就对契丹采取守势，而集中力量去消灭南方的几个割据政权。他在位的十七年内，除在太原的北汉是宋太宗即位后于（公元979年）将它灭掉的以外，黄河流域以南的诸州郡已都归入宋政权的统治之下。

北宋初期先南后北统一战略的实施以及所取得的成效，表明赵宋王朝在地理上占据着气候适宜、物产丰饶的中原与江南地区，这为赵宋王朝立国奠定了经济发展上的优势。另一方面，对于北方边境所面临的强辽问题，宋初统治者则没有想出一劳永逸的解决策略，相反步步被动，北方边境问题几乎成为北宋王朝统治者挥之不去的梦魇。

五代十国的出现，实际上是唐后期藩镇割据、武人干政局面发展的结果。

军人掌握足够的兵权，拥有足够的力量，就能发动政变、改朝换代。这种事情，在唐末五代十国以来不断上演。赵匡胤由兵变做上了皇帝，某一天，他的部将会不会也发生"黄袍加身"、改朝换代的事情呢？宋太祖对此忧心忡忡，食不甘味，夜不安寝。

因为宋太祖赵匡胤是通过陈桥兵变的方式取得政权的，在夺取政权之初，作为一个军人集团出身的开国皇帝，最关心的还是如何才能彻底刹住来自内部的这股篡夺之风，同时防止军人干政以及唐末藩镇割据局面的再演。他从晚唐以后的惨痛历史中深刻认识到军阀拥兵自重、武装割据、地方分裂的严重危害，因此从登基之日起，就认真总结隋唐以来治国理政的经验教训，慎重思考如何避免重蹈覆辙，从理论与实践上为宋帝国寻求巩固与发展的路径，以期赵宋王朝统治能够长治久安。

二、太祖、太宗祖宗家法之局限

宋太宗赵光义即位，第二天就诏告天下说：

> 先皇帝创业垂二十年，事为之防，曲为之制，纪律已定，物有其常。谨当遵承，不敢逾越。[1]

这几句话，可以说是最确切地概括了宋太祖赵匡胤在位的十七年内所有政治、军事设施立法的微妙用意，亦即其精神实质。诏中"谨当遵承，不敢逾越"二语，并不表明宋太宗要全盘接受宋太祖的一切政治遗产，要做一个"善继人之志，善述人之事"的守成君主，而是因为他也深刻体会到"事为之防，曲为之制"，实在是巩固政权最可取的一个法宝。所以，他不但继承了这一政治遗产，而且还从各个方面加以完善和发展。

---

[1]　（宋）李焘撰：《续资治通鉴长编》卷17《太祖　开宝九年》，第382页。

宋太祖、太宗巩固政权的措施主要有：

（一）削藩与由皇帝直接控制兵权。

唐末五代以来，政权屡经更易的根本原因，即在于武将和藩臣手操兵权。而赵匡胤在掌握禁军实权之后，能够很快黄袍加身，除了自己拥有禁军兵权外，还由于他与一些军事首脑人物，如石守信、高怀德等人结为十兄弟，从而得到他们的助力之故，十兄弟中人，既有拥立之功，也有可能对赵匡胤其人并不真诚拥护，在这种情况下，兵变之事随时可能发生。因此，在建隆初元，赵匡胤即收夺了高级将领的兵权，取消了殿前都副点检的职称，而分别设置了殿前司、侍卫马军司和侍卫步军司，即所谓"三衙"，名义上是由枢密院而实际上是由皇帝直接统领的。

石守信、王审琦、高怀德等人都是十兄弟中人，所以成为解除兵权的主要对象。而后来消灭南方诸割据政权时，所用的统兵将帅如曹彬、潘美等则皆为后起人物。

更重要的是，赵匡胤通过"杯酒释兵权"的手段，不仅结束了五代十国以来强臣悍将发动兵变改朝换代的混乱割据局面，而且其深远的影响，还在于为宋王朝营造了一种较为文明和理性的开国氛围，从而影响和带动着宋代的政治生活向着相对宽松和文明的方向发展，并最终形成了"未尝轻杀臣下""不以文字罪人""不杀士大夫及上书言事人"等值得肯定的政治传统。而且，军人干政局面的结束，也使得皇帝有时间致力于国家的统一和将精力用于开展国家的经济建设。

所以，北宋初期的数次削藩与"释兵权"，都应该视作为一种
"多赢"的结局。

（二）分散宰相的权力。

宰相权大也常常威胁到政权的稳定，五代虽无此事例，
而历代所发生的这类事件却不少。所以，从宋初开始，宋太
祖就对相权加以分割。前代的宰相，号称"事无不统"，北宋
初年则设置了枢密使，以使宰相不能掌管军政，枢密院与宰
相府对称二府。设置三司，号为计省，三司使则号为计相，
以使宰相不能过问财政。

宰相的职权被缩小，又都是用一些文人充当，因而其对
国家大事所能起的作用是极为有限的。司马光《涑水记闻》
卷三中说：

> 太祖时，赵韩王普为相，车驾因出，忽幸其第。时两浙
> 钱俶方遣使致书及海物十瓶于韩王，置在左庑下。会车驾
> 至，仓卒出迎，不及屏也。上顾见，问何物，韩王以实对，
> 上曰："此海物必佳。"即命启之，皆满贮瓜子金也。韩王
> 皇恐，顿首谢曰："臣未发书，实不知。若知之，当奏闻而
> 却之。"上笑曰："但取之，无虑。彼谓国家事皆由汝书生
> 耳。"因命韩王谢而受之。韩王东京宅，皆用此金所修也。①

---

① （宋）司马光撰：《涑水记闻》卷第三，邓广铭、张希清点校，中华书局1989
年版，第41页。

从上述之事可以看出，北宋初期丞相权力还是很大的，这也是宋太祖所抱怨"彼谓国家事皆由汝书生耳"的缘由。因为此事，宋太祖开始注意从宰相手中剥夺国家大事的决策之权。

宋太祖设置枢密使的用意，也不专在于分宰相之权，同时存有用以与带兵的大将起互相牵制作用之意。其做法是枢密使有制令之权而无握兵之重，大将有握兵之重而无制令之权。

到宋太宗时，不但把枢密院的制令之权归于皇帝，而且对带兵出征作战的大将，实行"将从中御"的办法，对大将在前线上的举动也加以限制。这也成为宋朝的一条家法，从而造成了极严重的后果。因为，战争现场最主要的问题，是要统兵将帅有主动权，能灵活机动；捆住了前线将帅在指挥上的因时因地制宜之权，那就等于把主动权交给敌方了。因为在其时信息的传递太慢，对战争是无法遥控的。

（三）收缩州郡长官的权力。

为了使割据之势不再重演，宋太祖、太宗还把州郡长官的权力也都大大收缩。正如朱熹所说：

> 本朝鉴五代藩镇之弊，遂尽夺藩镇之权，兵也收了，财也收了，赏罚刑政一切收了，州郡遂日就困弱。靖康之祸，虏骑所过，莫不溃散。①

---

① （宋）黎靖德编：《朱子语类》卷128《本朝二　法制》，王星贤点校，中华书局1986年版，第3070页。

宋太祖赵匡胤对大唐帝国由盛转衰的巨大转折显然有过一番深入的思考。他将禁军二十二万人一分为二：一半守京师，一半守边防。"京师"再大，也不过是一个城市（开封）而已。全国的军队，一半的精锐用于保卫这一个城市，另一半用于漫长的边防线上。很明显，在宋太祖那里，京师的安全是压倒一切的。历史文献《曲洧旧闻》是这么解释这位开国皇帝政治用意的：

> 京师十余万，诸道十余万，使京师之兵足以制诸道，则无外乱；合诸道之兵足以当京师，则无内变。内外相制，无偏重之患。[①]

这段话的大致意思就是，京师与地方各驻军十余万人，使京师与地方的兵力大致持平。如果"诸道"有变，则京师之兵制之；万一"京师"有变，则诸道之兵可以合起来"勤王"。如此，就可以保证内外兵力互相制衡，"外乱"和"内变"就不能轻易发生。

如果说宋太祖赵匡胤的治国理念是重京师、努力使中央与地方"相互制衡"的话；那么宋太宗赵光义的"防止内患"的治国主张则就更为直接，更为明显了。他明确认为内患才

---

① （宋）朱弁撰：《曲洧旧闻》卷9《艺祖养兵二十万》，孔凡礼点校，中华书局2002年版，第213页。

是最值得恐惧的。淳化二年（公元 991 年）八月，宋太宗赵光义曾对自己的近臣说，"国家若无外忧，必有内患。外忧不过边事，皆可预防。惟奸邪无状，若为内患，深可惧也。帝王用心，常须谨此"。①

宋王朝的政治中心，是京师。京师的安全，即是皇帝个人以及中央政府的安全。只有京师有足够数量的精锐兵力驻守，那么地方上就算有"安禄山、史思明"之流，量也不能攻破都城。禁军的这种"一半一半"的兵力分布，未见充分考虑外敌入侵。揣其历史情境下的心思，大概是因为，国家再大，如果京师都守不住、皇帝人身安全尚且不保，那么国家再大又有什么意义呢，不照样"其亡也忽焉"？这种重京师轻地方、重内患轻外忧的内向型军事政策，后人称之为"守内虚外"。此政策形成于宋太祖，确立于宋太宗，并世代承袭，成为宋王朝的"基本国策"。

为了束缚文武臣僚的手脚，不使其喜事兴功，而只能循规蹈矩，宋初统治者还有另外的一些相应的传统做法，那就是：不任官而任吏，不任人而任法。这种做法，最终造成了北宋中期"冗官"的局面。

叶适在《水心别集》卷十《始议二》中说：

国家因唐、五季之极弊，收敛藩镇，权归于上，一兵之

---

① （宋）李焘撰：《续资治通鉴长编》卷 32《太宗　淳化二年》，第 719 页。

籍，一财之源，一地之守，皆人主自为之也。欲专大利而无受其大害，遂废人而用法，废官而用吏，禁防纤悉，特与古异，而威柄最为不分。……故人才衰乏，外削中弱，以天下之大而畏人（按：此"人"字指辽、夏、金），是一代之法度又有以使之矣。①

当时的宰相，从太祖太宗时的赵普，到真宗时的李沆，都以不生事为原则。《邵氏闻见录》卷六谓赵普于厅事坐屏后置二大瓮，凡有人投利害文字，皆置其中，满即焚于通衢。《续资治通鉴长编》卷五六载李沆"自言：'居重位，实无补万分，惟四方言利事者未尝一施行，聊以此报国尔。朝廷防制，纤悉备具，或徇所陈请，妄有更张，即所伤多矣。'"王旦的《神道碑》则说他"为相，务行故事，慎所改作"②。长久如此因循，自然便会造成"本朝累世因循末俗之弊……一切因任自然之理势，而精神之运有所不加，名实之间有所不察"③的一些弊端。

（四）募兵制度之弊端。

宋太祖还曾非常郑重地把募兵制度宣告为他的一大传家

① （宋）叶适著：《水心别集》卷10《始议二》，刘公纯、王孝鱼、李哲夫点校，中华书局2010年版，第159页。

② （宋）欧阳修著：《欧阳修全集》卷22，李逸安点校，中华书局2001年版，第346页。

③ 王安石著：《临川先生文集》卷41《本朝百年无事札子》，王水照主编《王安石全集》第五册，复旦大学出版社2017年版，第802页。

法宝，希望他的继承者也要继续奉行不变。

募兵制度本是从唐代后期以来逐渐形成的，并非北宋政权所创建。但宋太祖对于这一制度却别有会心，特加赞赏，一定要把它确定为不可改变的制度。北宋末年的晁说之曾在其《元符三年应诏封事》中追述这一事实说：

> 臣窃闻太祖既得天下，使赵普等二三大臣陈当今之大事可以为百代利者。普等屡为言，太祖俾"更思其上者"。普等毕思虑，无以言，乃请于太祖。太祖为言："可以利百代者，唯'养兵'也。方凶年饥岁，有叛民而无叛兵；不幸乐岁而变生，则有叛兵而无叛民。"普等顿首曰："此圣略非臣下所能及！"[①]

从上述这段史料的内容可见，宋太祖之所以要把募兵制度作为传家法宝，是因为通过施行这一制度，可以把军人与民众截然分割开来，使两者可以不至互相影响，协同动作。但施行后所产生的流弊，却决非宋太祖始料之所能及。为充分利用这一制度，北宋政府凡遇有水旱之灾的年份和地区，即在其时其地大量招募（有时甚至是强制）灾民入伍当兵，供其衣食，以免他们集聚于山林川泽之中，成为反抗政府的力量。然沿用未久即弊端丛生：招募不已，员额日增，老弱参

[①] 曾枣庄、刘琳主编：《全宋文》，上海辞书出版社、安徽教育出版社2006年版，第404页。

杂，训练全废，已全非英勇善战的劲旅。建国七八十年后，军人数量已达一百四十余万人，"冗兵"成为国家财政的极大负担，使北宋政权日益陷入积贫积弱的困境[①]。

（五）"重文轻武"的政策后果。

北宋"重文轻武"国策的形成，有一个过程，是在宋太祖、太宗两朝逐步确立起来的。该国策一经确立，遂成为宋朝后世皇帝必须遵守的"祖宗之法"。理解这一国策，需要再次重申和明确两个细节："文"指的是文官，"武"指的是武将——而不是武器军备、军队；"重"与"轻"是指对文官和武将的权力分配以及由此带来的地位上的轻重变化。从逻辑上讲，"重文轻武"国策应该是一套政策系统，这个政策系统理应包含两方面的措施：第一，重用文官，提高文官的政治地位；第二，抑制武将的权力，降低武将在国家政治生活中的地位[②]。

宋代实行"重文轻武"国策，必定会导致两方面的影响：

一方面，文官政治有利于政局的稳定和政治理性的形成，促进了社会风气和道德伦理的变化，有利于文化的繁荣与文教事业的发展。

另一方面，因为统治者重文轻武之故，全社会逐渐形成

---

① 参见邓广铭著：《宋史十讲》，中华书局 2008 年版，第 58—61 页。

② 参见于之伟、李鹏主编，袁岂凡著：《帝国的归宿》（两宋卷），中国华侨出版社 2018 年版，第 35 页。

了"万般皆下品，唯有读书高"以及"做人莫做军，做铁莫做针"的文化价值观念，这种情况又必然会导致军事战斗力的下降与政府对军事力量的轻视，从而影响到军人积极性的发挥与"衰兵"局面的出现。

第二章　北宋中期的统治危机

北宋中期是指宋真宗、仁宗、英宗、神宗四朝。在这一时期，原先已经产生的诸多矛盾进一步发展，多年积攒的"冗官""冗兵""冗费"等问题所造成的国家积弱积贫、国势不振局面，成为仁宗后期以及其后各朝不得不面对的一大困扰。冗官表现为机构性"冗官"、人员性"冗官"、财政性"冗官"和效率低下的事务性"冗官"；"冗兵"指的是宋代军队"数额猥多，冗而不精"和"不任征战，坐而冗食"；"冗费"是指冗军、冗官之费，以及奢靡祭祀、大兴土木等过度财政支出。"三冗"问题是北宋中期最为突出的社会问题，涉及政治、经济、军事等重大领域，是宋代积贫积弱的主要原因及当时社会矛盾激化的终极根源。无论是范仲淹的"庆历新政"，还是王安石的"熙宁变法"，皆是针对"三冗"症结而进行的旨在富国强兵的一个国家治理的过程。

一、"三冗"问题的凸显

北宋仁宗时期，随着宋夏战争的落幕、财政困境的加剧，诸多的社会问题逐渐凸显出来，这其中，"冗官、冗兵、冗费"问题最为突出。"冗"有"闲散、多余"之意。"三冗"问题，是指北宋在官员数量、兵员数量、财政开支三个方面太多、太滥，已经严重地影响到了赵宋王朝的正常统治秩序。

（一）"冗官"的由来

"三冗"之中，以"冗官"为最。"冗官"问题在中国历朝历代都有，是一种官僚政治下的常态现象，但北宋尤为突出。"冗官"首先是统治者滥开仕途造成的，其次是机构重叠、臃肿、官吏人数大大超过应有编制的结果。

北宋官僚队伍的规模在宋太祖时期还算比较合理，但从宋太宗时期就开始走向膨胀了，至宋真宗、宋仁宗、宋英宗、宋神宗几朝更是登峰造极。因为从宋太宗时期，统治者开始明确实行"重文轻武"政策，大量任用文官主政，这就必然会扩大科举考试中文士的录取规模。宋代科举录取的人数要大大超过唐代。隋唐科举取士尚受门第限制，北宋取消了门第限制，增设了经义、吏治、恩科、神童科等科目。唐代进士及第每次不过二三十人，北宋每次录取七八百人。据史载，宋太宗在位二十三年，通过科举得官者将近一万人。宋真宗以后，官员无限膨胀，科举取士，越来越多。如宋真宗咸平三年（公元 1000 年），真宗亲试举人、进士、诸科（包括屡试不中者），一年之中就录取一千八百多人。但这都还算是正常途径选官、入仕。在这一途径之外，宋朝统治者还滥开入仕途径，进一步助长了官僚队伍的膨胀，并最终形成了"冗官"现象。

宋朝统治者滥开的入仕途径，主要是"恩荫"。

所谓"恩荫"，是指已得官者可荫其子孙亲属入仕。这种制度古已有之，不过到北宋有了更大发展。宋代四品以上文官和六品以上武官致仕时，可按官品授给一至三名近亲子弟以中、低级官衔。五品到七品文官和七品武官，如不愿转官，也可荫补一名近亲。当时称官员荫补亲属为"恩泽"①。

宋中期后"恩荫"泛滥，有许多理由和机会施行。比如皇帝郊祀的时候、官员致仕的时候或者官员去世，基本上只要是个理由就可以"恩荫"。对于皇族来讲，"恩荫"的门槛极低：原来规定皇族宗室七岁授官，仁宗时改为襁褓之中即有官位。宋仁宗庆历七年（公元 1047 年），一年内单是皇族授官的就达一千多人。其他文武官员则以地位高低对其家属近亲授官，甚至职位低微的郎中、员外郎也可荫子孙一人得官，真是"恩逮于百官者，唯恐其不足"。如宋真宗天禧元年（公元 1017 年）太尉王旦死后，皇帝就一次"录其子、弟侄、外孙、门客、故

吏授官十数人"。宋仁宗庆历三年（公元 1043 年），范仲淹就针对这种情况向宋仁宗提出了批评意见："假有任学士以上官经二十年者，则一家兄弟子孙出京官二十人，仍接次升朝，此滥进之极也。"①

"恩荫"如此容易、如此普遍，"冗官"现象也就自然加重。这种比科举考试入仕更快、更易的途径，导致因"恩荫"得官的人数在官吏中占了很大比例。

除了"恩荫"之外，还有输粮输钱授官、卖官鬻爵等"非正常"入仕途径，也是助长官僚队伍膨胀、"冗官"形成的重要因素。如遇灾荒，一般地主肯于开仓出粮或雇用民夫肯于出钱的，也可视其出钱多寡由朝廷授予官位。北宋统治者公开卖官鬻爵可于宋人朱卉《曲洧旧闻》卷十中的谚语谓依据，文中说："三千索，直秘阁，五百贯，擢通判。"② 由此可见，北宋时官位各有定价。这些途径与"恩荫"一样，都是科举考试之外的"非正常"入仕途径。所有这些非正常的入仕途径都是极具随意性，并完全可以在政策上杜绝和避免的。它们是宋代"冗官"形成的重要原因。

以上都是从"入仕"的角度看"冗官"的形成。但"冗官"的形成尚有一种制度性需要，那就是宋代官僚机构的臃肿和重叠。冗官可能导致政府需要增设一些官僚机构，以作

---

① （宋）李焘撰：《续资治通鉴长编》卷143《仁宗　庆历三年》，第3434页。
② （宋）朱弁撰：《曲洧旧闻》第225页。

安置；但宋代官僚结构本身也存在设置不合理、不科学的问题，由此徒增对大批官员的需求。除机构臃肿、闲官过多外，编制外吏的数量更是庞大得惊人，这是北宋行政编制泛滥的显著特点。

北宋政府行政机构的臃肿和重叠，主要表现在两个方面：一是保留了大量可有可无的前代中央机构；二是地方官制层级太多、太过复杂且多有重叠。

北宋保留的可有可无的前代中央机构主要是唐朝和五代十国时期的，有台、省、寺、监、院、部、司等。这些机关及其官员在宋代并不管事，纯属虚衔，只依品级领受俸禄；还保存着阶、勋、爵等名誉官衔，也只是领俸禄而不负责具体事务。北宋实际管事的中央机构仅是"二府三司"。北宋虽仍设有三省六部二十四司等机构，但这些机构实际早已有名无实。最典型的莫过于门下、尚书两省，它们在唐代是最核心的中央权要机关，但在宋代却完全沦为摆设。宋代的门下、尚书两省连办公地点都移到皇宫之外了，其长官就更不是宰相了。北宋的宰相称为"同中书门下平章事"，另设"参知政事"一人或数人为副相，原来的三省六部已经名存实亡，完全是多余的机构。

和中央行政机构相比，地方机构臃肿的现象则更为突出。地方行政区划，在唐代是道、州、县三级，宋代初为州、县二级制，后又改为路、州（府、军、监）、县三级。但更为烦琐的是，每一级都因分权的考虑而细分为多部门、多人主政。

比如在各"路"设置四个"监司",即安抚司、转运司、提刑司、提举常平司,又分别设安抚使管军事、设转运使管财政、设提点刑狱使管司法、设提举常平使管农田水利等事务。除了地方正官之外,还设置所谓通判官,即由中央直接派遣的地方副长官。小郡设通判官一人,大郡设二人。凡地方公事,"并须长吏、通判签议连书,方许行下"。另外,在北宋地方官吏中还设有节度使、防御使、团练使、刺史、观察使等名号。全套下来,地方机构既庞大臃肿又重叠,真有叠床架屋、"十羊九牧"之感,以至于北宋官员宋祁在其《景文集》卷二十六中感叹说,本朝"州县不广于前,而官五倍于旧"。

由于上述种种因素,造成北宋官吏逐年倍增。从宋真宗至宋仁宗四十余年中,仅中央官员就增加一倍多。到宋仁宗嘉祐八年(公元 1063 年),北宋官员已"十倍于国初"。由于人多官职少,有的地方竟出现一官五六人共做的现象。

(二)"冗兵"的形成

宋代军队兵员的数量,自宋太祖赵匡胤开国时,军队人数便呈不断增加的趋势,至宋仁宗庆历年间,军队人数达到一个高峰。

《宋史·兵志一》说:

> 宋之兵制,大概有三:天子之卫兵,以守京师,备征戍,曰禁军;诸州之镇兵,以分给役使,曰厢军;选于户籍或应募,使之团结训练,以为在所防守,则曰乡兵。又有蕃

兵，其法始于国初，具籍塞下，团结以为藩篱之兵；其后分
队伍，给旗帜，缮营堡，备器械，一律以乡兵之制。[①]

北宋实行兵农分离的募兵制度，军队员额不断增加。宋太
祖开国初期，禁、厢军总额仅二十二万人，到开宝年间（公元
968年—公元976年）已增加到三十七万八千人；宋太宗至道
年间（公元995年—公元997年）总兵额增至六十六万六千
人，较之宋太祖朝增加近一倍；宋真宗天禧年间（公元1017
年—公元1021年）总兵额为九十一万二千人，军费开支占
财政收入的百分之二十二点九；到宋仁宗庆历年间（公元
1041年—公元1048年），因为与西夏交战，朝廷不断扩充
军队，总兵额迅速膨胀到一百二十五万九千人，其中禁军猛
增至八十三万六千人。此后虽宋夏议和、战事中止，但军队
员额却未见减少。到宋英宗治平年间（公元1064年—公元
1067年），总兵额仍保持在一百一十六万二千人，其中禁军为
六十六万三千人。[②]兵员的猛涨使得"冗兵"现象极端严重，
给国家财政造成了沉重的负担。

北宋军人数量为何膨胀得如此迅速？主要原因有以下
三点：

第一，是紧张的民族关系带来了严峻的边防形势。宋朝

---

① （元）脱脱等撰：《宋史》卷187，志第一百四十《兵一》，中华书局编辑部
点校，中华书局1985年版，第4569页。

② 参见（元）脱脱等撰：《宋史》卷187。

建立后，从宋太宗开始，辽宋之间多次交战；宋夏之间也由和平走向冲突，至宋仁宗时期达到顶点。边防形势的严峻，使得统治者必须要扩充兵力以维护国家的安全。由于朝廷对军队的控制过于严密、武将在"重文轻武"环境下受到压制，造成军队总体战斗力不强。面对虎视眈眈的辽、西夏，朝廷不得不一再往前线增兵——也就是寄希望以庞大的数量优势来弥补战斗力的劣势。越是打了败仗，朝廷越是需要更多的兵员来提高心理上的安全感。于是，军队的规模就这样膨胀起来了。这方面的原因是最直接、最直观的，也是最主要的。

第二，是宋王朝通过募兵制度实行的"养兵政策"。这个问题在第一章中已经有所论及。所谓"养兵政策"，就是指每当国内一个地方矛盾激化、民众难以生存时，政府就大量征兵，把社会上的流亡百姓收揽为士卒。宋朝统治者的逻辑是："每募一人，朝廷即多一兵，而山野则少一贼。"按此逻辑，军队多吸收一个社会上的流亡民众，国家就因此少了一个不稳定的治安因素、少一个人造反。这个逻辑有其一定的道理。因为宋朝实行的是募兵制，国家花钱招募军队，士兵参军后按时领取兵饷。饥荒之年，人们温饱无依、流离失所，要么揭竿而起、要么被饿死。与其这样，自然不如去当兵混口饭吃。这种政策在整个北宋推行了一百余年。宋太祖时，由于狠抓落实、拨乱反正，国家养兵的数量有限。但从北宋中叶以来，随着阶级矛盾的加剧，朝廷统治力的下降，北宋政府开始全面地推行这种"养兵政策"，大量招兵，这成为北宋军队膨胀的又一个重要原因。

第三，是北宋军人服役期限的终身制。宋朝军制实行"减切法"，除伤病等丧失战斗力的情况之外，达到六十岁的人一律从军队中"减切"下来，作为"剩员"；达到六十五岁的人一律"放停"，退役回家。有战功的士兵，达到放停的年龄，可以按照剩员对待、做些看管军营之类的事情，待遇减半但直至终老。所以，按照宋朝的退役年龄，士兵基本是终身服役。但士兵的作战能力主要集中在自己的青壮年时期，过了此时期，士兵体格能力、战斗力下降了，国家还要继续养着哪怕充作"剩员"。如此下去，军队的规模长期只增不减，岂能不庞大？"冗兵"就是这些制度、政策环境下的产物。

（三）"冗费"的产生

"冗官"要从国家手中领取薪俸，而"冗兵"又要耗费庞大的日常军费开支，这对于国家财政而言，无疑是一笔沉重的负担，这个问题长期困扰着北宋统治者。

北宋每年官俸开支之大相当惊人。北宋官僚的俸禄，名目繁多：有官俸（包括纸币和绫绢，宰相和枢密使每月钱三百，绢三十匹，绫二十匹，冬绵百两），有禄粟（宰相每月一百石，节度使一百五十石），有职钱（兼职的俸钱），有公用钱（最高额每年两万贯），有职田（最高额为四十顷），有给券（文武官出差路费），有茶、酒、厨料之给（有些官每月给酒一升至五升，有些官每日供茶和厨料米六斗，面一石二斗），有薪、篙、炭、盐诸物之给，还有傔人（即仆人）衣粮或餐钱（宰相七十人，枢密使和节度使各五十人）。

　　至于养兵之费，同样惊人。《宋史·兵志一》说："仁宗之世，西兵招刺太多，将骄士惰，徒耗国用，忧世之士屡以为言，竟莫之改。"①宋仁宗时期养兵费用高达全部赋税收入的十分之七。曾任三司使的蔡襄，依据宋仁宗末和宋英宗初的财政状况，得出结论说："今天下大患者在兵：禁军约七十万人，厢军约五十万人，积兵之多，仰食天子衣食，五代而上，至秦汉无有也。臣约一岁总计，天下之入不过缗钱六千余万，而养兵之费约及五千（万）。是天下六分之物，五分养兵，一分给郊庙之奉、国家之费，国何得不穷？民何得不困？"②蔡襄所说的只是三司一年的总收入，其中有六分之五是用于养兵。除此之外，还有所谓"留州以供军者"。元丰年间曾任翰林学士的孙洙指出："前世之兵，未有猥多如今日者也。前世制兵之害，未有甚于今日者也。盖常率计，天下之户口千有余万，自皇祐一岁之入一倍二千六百余万，而耗于兵者常十八，而留州以供军者又数百万也。总户口岁入之数，而以百万之兵计之，无十户而资一厢兵，十亩而给一散卒矣。其兵职卫士之给，又浮费数倍，何得而不大蹙也？"③

　　①　（元）脱脱等撰：《宋史》，第 4570 页。

　　②　（宋）蔡襄著：《蔡忠惠公文集》卷 18《国论要目十二篇》。

　　③　（宋）王明清撰：《挥麈后录余话》卷 1 载王铚《枢廷备检》。

针对北宋募兵制下士兵终身服役的情况，史学家钱穆先生在《国史大纲》中这样算过一笔账："募兵终身在营伍，自二十以上至衰老，其间四十余年，实际可用者至多不过二十年，廪之终身，实际即是一卒有二十年向公家无用而仰食。"这也就是说，一个士兵从二十多岁服役至衰老退役，国家可能要养他四十年左右；但他实际在战场上为国家效力的时间可能最多不过二十年，国家则要白白养他剩下的那二十年。这就是军队常规开支负担的真实情况。

如果官俸和养兵之费是北宋仅有的财政开支名目，倒也罢了。但坏就坏在，还有许多其他雪上加霜的名目，比如：崇佛、倡道的花费，皇室的庞大开支，官员的腐败开销，等等。其结果就是，北宋政府的财政情况每况愈下、不断恶化。太祖时设内库，"凡岁终用度之余，皆入之，以为军旅饥馑之备"，谓之"封桩库"。这是说宋太祖时财政尚有大量积累。但自宋太宗伐辽以来，前代的积累便逐步消耗殆尽。到宋真宗、仁宗两代，宋夏冲突不断，财政消费巨大，不仅没有盈余，而且年亏月损，不断"支诸宿藏"，以致"百年之积，惟有空簿"。宋英宗治平二年（公元 1065 年），北宋朝廷的财政税收达到一亿一千六百一十三万八千四百五十贯，而这年的财政支出为一亿两千零三十四万三千一百七十四贯，非常支出有一千一百五十二万一千二百七十八贯，收支相抵尚亏一千五百多万贯。

"冗费"，是对北宋庞大财政开支的总结，是林林总总各项开支名目铸就的局面。从财政有所结余到出现绝对赤字，这便是宋太祖至宋英宗这一百余年时间里北宋政府财政面貌的变化趋势。[①]

二、积贫积弱局面的形成

因为"三冗"现象的长期并存，导致宋王朝逐渐成为"对外之积弱不振""内部之积贫难疗"的国家，也就是人们常说的"积贫积弱"。这里的"积贫积弱"，主要是指民贫、国弱。

北宋皇帝为了直接控制财权，把财权一分为二：一归计司，一归内库。计司掌管的是名义上的"全国"财政收支，但实际上不包括皇帝的私产——内库。"内库"实为皇帝个人的金库，其贮藏财物的具体数字到底是多少，并不为外人所知。宋代官员反映的财政状况，通常只是计司所掌握的财政数字，而根本不包括内库之贮藏。宋朝有个奇怪的财政现象，计司一有用度不足，则往往仰之于朝廷，依靠宫廷的贷支或补给，才能达到收支平衡。这说明，即便计司掌握的"国库"没钱，但皇帝的"内库"还是有钱的。但皇帝有钱不代表百姓有钱，如果皇帝有钱而百姓没钱，这样的国家还是应

---

① 参见于之伟、李鹏主编，袁岂凡著：《帝国的归宿》（两宋卷），中国华侨出版社 2018 年版，第 110—116 页。

该被视为"贫穷之国"。史学家钱穆先生之所以认为宋代"积贫积弱"，原因正是宋朝长期存在普遍的"民贫"现象。宋太宗时将乡村五等户中占田二十亩以下的人户称为贫民，宋神宗时又进一步规定，乡村第五等户或产业在五十贯以下的属于贫民。也就是说，宋代贫民的主体应是农村的五等户及无地户。那么按此标准，宋代当时的贫民有多少呢？宋仁宗时期担任过三司使、熟悉财政数据的官员张方平估计说，四等户以下的可"及十分之九"。这说明，至少在宋仁宗时期，北宋已经是一个高度的贫民社会了。

宋代统治者本指望以富人立国，认为富人可以为国聚财、守财，是国家的根本，只要大土地所有者得到发展，国家财富与财政收入就有了可靠的保障。由此出发，宋代长期实行富人立国的财政方针，不仅对官僚地主实行税收优惠政策，而且实行"不拟兼并"的土地政策，致使土地很快完全私有化，被官僚地主所占有。在这种土地政策下，一方面，地主豪强占有大量的土地而不纳税，当时不交租的土地就达到了百分之七十；另一方面，农民则因为失去土地而被迫到处流亡或荫庇于富室豪门，失去了缴纳税收的基础。结果与宋代统治者的"富国"愿望完全相反，国家依靠的那些大土地所有者的财富不仅不能为国家所用，反而还通过兼并土地、税负转嫁等方式侵吞国家的税基，使国家财政陷于危机之中。

为了摆脱危机，国家不断加重农民的赋税。宋代广大农民负担着繁重的租税和徭役。从赋税来看，除了缴纳名正言顺的"两税"之外，还有各种名目繁多的苛捐杂税。如丁身税，从二十岁到六十岁的男子按人头缴纳，除此还有"杂变""支移""折变"，等等，数不胜数。徭役既多且重，其中最繁重的是"职役"和"夫役"。"职役"按户等派遣，到官府衙门供役，服职役的农户即使是自耕农也常常为此倾家荡产。"夫役"近者几百里，远者数千里，运送之苦难以承受，"民被差役，如遭寇虏"。在繁重的剥削和奴役下，百姓无以为生，而"四民之中，维农最苦"。农民辛苦劳作，若遇灾情，则转死沟壑，幸有所获，则"公私之债，交争互夺，谷未离场，帛未下机已非己有。所食者秕糠而不足，所衣者绨褐而不完"[1]。农民由于没有生路，纷纷揭竿而起，从而破坏了宋帝国乡村基层社会发展的正常秩序。

说到"积弱"，宋代留给后人的印象可以以宋真宗时期与辽国议和的"澶渊之盟"以及宋仁宗时期与西夏的"庆历和议"为典型。

宋真宗景德元年（公元 1004 年），辽圣宗和萧太后带领辽军南下侵略宋朝，闰九月，入宋境内，十一月在连破一些州城后，直抵澶州，直接威胁宋的都城开封。宋君臣震动。王钦若和陈尧叟主张迁都。宰相寇准和毕士安坚决主张宋真宗亲征。经过激烈的争论，宋真宗终于亲自出征，大大鼓舞

---

① （元）脱脱等撰：《宋史》，第 4168 页。

了宋军的士气。宋真宗至澶州，渡河抚慰诸将。辽军受挫，难以支持战争继续进行下去。辽军请和，毕士安也主和。宋真宗对抗辽本来就是举棋不定，这时更希望尽早回师，同意议和。经过数次交涉，十二月，双方议和成。和约规定：宋朝每年输给辽绢二十万匹，银十万两；双方为兄弟之国。澶州又称为澶渊，所以这次和约又称为"澶渊之盟"。宋朝统治者在军事力量不足的情况下用金钱供奉暂时换得了宋辽之间的和平局面。

宋仁宗康定元年至庆历二年（公元 1040 年—公元 1042 年），西夏和宋发生了三川口（今延安西北）、好水川（今宁夏隆德东）和定川寨（今宁夏固原西北）三次大的战斗。宋军遭受惨重的失败。由于连年战争，西夏与北宋的经济都遭受到严重损失。（公元 1044 年），宋和西夏签订和约。和议规定，西夏取消帝号，宋册封元昊为夏国王，宋每年赐西夏银七万两，绢十五万匹，茶三万斤。宋夏的紧张关系缓和下来。

宋夏战争虽然以"庆历和议"、李元昊对北宋称臣而宣告结束，但这个看似比澶渊之盟还要光鲜的结局掩盖不了在战争期间宋军在战场上一败再败的耻辱。在经济实力、兵力对比等各方面都拥有"量"的优势前提下，宋军仍然屡战屡败是无法理解的。人们没法不将之视为"弱"。这个"弱"主要是体现在军人素质之低下、军队的战斗力之孱弱上面，而不是囊括经济实力在内的"综合国力"。宋军战斗力之"弱"，是北宋开国以来一系列加强中央集权、重文轻武政策的结果。

在这些政策下，宋朝军队的军纪松弛，将领不和，兵源质量差，军队的战斗力自然上不去。再加上宋军实行将兵分离制度，平时无人严加管教和训练士兵，其战斗力之低自然可想而知。

在"三冗"问题的困扰下，北宋王朝积贫积弱，宋王朝的统治已经处在了一个转折点上。

军政之腐败、军队战斗力之低下，使得北宋王朝在对辽、西夏的关系中始终处于被动挨打的地位。而由于冗兵、冗官以及各种靡费所造成的"冗费"，也使北宋政府面临着愈益严重的财政危机。而尤其值得注意的是，在一个政权中，地方官与民众直接接触最多，如果基层单位"冗官""冗吏"不作为，对民众的伤害最大，也最容易引发民间动荡。

到宋仁宗末年，也就是北宋建立百年之际，国势不振的局面几已无法挽回，各种矛盾已经日趋尖锐。"官乱于上，民贫于下，风俗日以薄，财力日以困穷"，而最高统治者却"高居深拱，未尝有询考讲求之意"，朝野上下"因循苟且"，"逸豫而无为"①，但求侥幸。正像南宋朱熹所说："且如仁宗朝是甚次第时节，国势却如此缓弱，事多不理。"② 这种状况，已经到了非改不可的地步。

---

① 王安石著：《临川先生文集》卷39《上时政疏》，见王水照主编：《王安石全集》第五册，复旦大学出版社2017年版，第771页。

② （宋）黎靖德编：《朱子语类》卷130《本朝四　熙宁至靖康用人》，第3095页。

第三章　庆历新政的失败尝试

　　庆历年间，以范仲淹为首的一批关心国事的士大夫官僚集团，决心改革宋王朝八十年来积攒而成的诸多流弊，力图正本清源、吐故纳新，尝试"更张"。其主要举措：第一，"明黜陟"，即改革官员的升迁制度。第二，"抑侥幸"，即改革恩荫过滥之弊端。第三，"精贡举"，即改革科举制度，振兴学校教育。第四，"择官长"，即在地方各级官吏的选拔任用上实行逐级荐举制，以此改善地方吏治，让民众安居乐业。第五，"均公田"，即改革职田制度，对地方官吏实行"高薪养廉"政策。第六，"厚农桑"，厉行重农政策，兴修水利，减少灾害，鼓励垦荒，发展农业生产。第七，"修武备"，借鉴唐代府兵制度，于京畿及近辅州郡召募强壮之士，每年三季务农、一季训练，寓兵于农。第八，"减徭役"，减少地方衙门机构，减轻职役负担。第九，"覃恩信"，切实保证朝廷敕书在各级官府的执行，保障朝廷在民众中树立恩信。第十，"重命令"，即加强法制建设，法令条贯一旦颁行，就必须严格遵守，违者重惩。庆历新政的核心政策，是从整顿吏治、解决冗官、冗费入手，限制贵族官僚们的政治特权，扩大选官范围和统治基础，强化国家专政机器，以稳定和巩固宋王朝的统治。新政的改革举措侵犯了贵族、官僚们的既得利益，同时在某些方面也触犯了"祖宗家法"，最终在守旧势力的反扑下，新政在进行了短短一年五个月后即不幸夭折。不过，庆历新政虽然失败，却为后来的王安石变法积累了经验与教训。继庆历新政而出现的王安石变法，便是在范仲淹等人探索的基础上，为改变国家积贫积弱的局势所做的更加深入、更加广阔的努力和尝试。

一、以澄清吏治为核心的新政举措

庆历三年（公元 1043 年）三四月间，宋仁宗在罢免权相吕夷简的同时，又对政府作了一系列的改组。改组后的政府成员如下：宰相章得象、晏殊；枢密使杜衍；参知政事贾昌朝、范仲淹；枢密副使韩琦、富弼；三司使王尧臣。这是一个新老结合的政府班子，章得象、杜衍、晏殊虽然年纪大、地位高，但发挥主导作用的却是宋仁宗眷顾正隆的范、韩、富三人。除此之外，一向以敢言著称的王素、欧阳修、余靖、蔡襄等人也被选入谏院，受到宋仁宗的器重。

经过这番改组，宋朝廷呈现出一派崭新的气象，"庆历新政"也由此而拉开了帷幕。

　　同年九月，宋仁宗在天章阁召见中书、枢密院官员，向他们询问当世要务和治国方略；又下手诏给范仲淹、富弼等人说："比以中外人望，不次用卿等，今（韩）琦暂往陕西，仲淹、弼宜与宰臣章得象尽心国事，毋或有所顾避。其当世急务有可建明者，悉为朕陈之。"①

　　随后，范、韩、富等人上书，分别向宋仁宗陈述了自己的改革建议与更新主张。

　　韩琦先上"当今所宜先行者七事"：一曰"清政本"，即改革中书、枢密院办事制度，强化其议决军国大事的职能；二曰"念边事"，即注重对边疆问题的讨论；三曰"擢贤才"，即改革官员以年资叙迁的制度，实行唯才是举、不次超拔的政策；四曰"备河北"，即加强宋、辽边境地区的防备，以免辽方侵侮；五曰"固河东"，即加强河东地区的守备，与陕西相呼应，以防西夏侵扰；六曰"收民心"，即用内藏库钱物佐助边疆之需，以宽民力、安民心；七曰"营洛邑"，即考虑到京师开封无险可守，应加强西京洛阳的城防建设和战略储备，以便形势危急时可作陪都之用。继而又条陈八事，主要内容是"选将帅，明按察，丰财利，抑侥幸，进有能之吏，退不才之官，去冗食之人，谨入官之路"②。富弼则"上当世之务十余条及安边十三策，大略以进贤退不肖、止侥幸、去

---

　　① （宋）李焘撰：《续资治通鉴长编》卷143《仁宗　庆历三年》，第3431页。
　　② （宋）李焘撰：《续资治通鉴长编》卷142《仁宗　庆历三年》，第3414页。

宿弊为本，欲渐易监司之不才者，使澄汰所部吏"①。但所论之事涉及面最广、所提改革意见最为详尽的，还是范仲淹那篇著名的《答手诏条陈十事》。在这篇奏疏中，范仲淹首先指出了当时北宋王朝所面临的严峻形势：

> 我国家革五代之乱，富有四海，垂八十年，纲纪制度，日削月侵，官壅于下，民困于外，疆场不靖，寇盗横炽，不可不更张以救之。②

接下来，他提出了十项改革方案：

一曰"明黜陟"。即改革官员的升迁制度。黜是降职或罢免，陟是升官。黜陟一语，典出《尚书》："三载考绩，三考黜陟幽明"。其义是对官吏定期考察以决定升降。宋代称此为"磨勘"。明黜陟即是重定文武百官的"磨勘"之法，严于考绩，抵制滥进，责成实效，以提高行政效率。当时文官三年一迁、武官五年一迁，将政绩呈有关机构验核，如无大过，例行迁转，叫作"磨勘"。然而考课形同虚设，官员升迁只讲年限资历，不问能力大小、政绩好坏，以致"人人因循，不复奋励"。凡是想兴利除弊、有所作为的官员，往往被同僚指为生事，受到妒忌，一旦"稍有差失"，即刻"随而挤陷"；相反，那些"愚暗鄙猥，人莫齿之"的庸碌之辈，却能"三年一迁，坐至卿监、

---

① （元）脱脱等撰：《宋史》，第 10252 页。
② （宋）李焘撰：《续资治通鉴长编》卷143《仁宗　庆历三年》，第 3430 页。

丞郎"。而京城的肥缺美差，也长期被权势子弟瓜分占据。在这种情况下，很少有官员愿意"兴公家之利，救生民之病，去政事之弊"。为此，范仲淹建议，应切实依据官员在任期间的政绩决定其升迁：凡"京朝官、选人逐任得替，明具较定考绩"，由审官院、流内铨、考功司结罪闻奏。"内有事状猥滥，并老疾愚昧之人，不堪理民者，别取进止"；在京为官者，若有保举及曾选差在京"重难库务"，任职三年，即与磨勘。未经保举者，须经五年方得磨勘。以便让权势子弟肯就外任，不至霸占在京职事；官员才能卓越、功绩显著、智略超群者，可"特恩进改"，不必拘守磨勘军限；武官的磨勘年限，由枢密院"比附文资，定寺闻奏"。通过这些措施，可使"因循者拘考绩之限，特达者加不次之资"，然后"人人自劝，天下兴治"。

二曰"抑侥幸"。即改革恩荫过滥的弊端，这是针对恩荫制度而发。所谓"恩荫"，就是皇帝以恩赐的形式，使官僚子弟或亲属直接补官，或称作"奏荫""荫子"及"任子"。这种制度，虽然汉唐以来就有，但是宋代恩荫之滥却是前所未有的。特别是宋真宗以来，每遇节庆及朝廷大典，都要大肆推恩，自大两省官至诸路提刑以上差遣者均可奏荐子弟任官。如果某人任学士以上官达二十年，则其兄弟子孙就有二十人可充京官。由于恩荫太广，使得"冗官至多"，"审官院常患充塞，无缺可补"。官员冗滥又导致朝廷开支浩大，加重了百姓的赋税负担。正所谓"俸禄既广，刻剥不暇"，"百姓贫困"。又因为官位来得容易，致使由恩荫入仕者尸位素餐、政事不举、吏治腐败的状况更加严重。为此，范仲淹提出了一系列的建议，对恩荫入仕加以限制，以免官僚子弟与孤寒争路。与此同时，他还要求朝廷下令"两府、两省子弟并不得陈乞馆阁职事"，以免清要之地为不肖所占。

三曰"精贡举"。即改革科举制度，振兴学校教育。范仲淹指出："国家专以词赋取进士，以墨义取诸科，士皆舍大方而趋小道，虽济济盈庭，求有才有识者十无一二。况天下危困，乏人如此，固当教以经济之业，取以经济之才，庶可救其不逮"。就是说，要摒弃词赋声律、帖经墨义之类的无用之学，引导士人敦本实学，经世致用。在考试科目方面，进士科应以策论为先、诗赋为次，诸科除默写经文外，还必须对经义融会贯通。在考试制度方面，他建议乡试一级不实行糊名之法，以便能够充分了解士子平时的品行和学业情况，逐步恢复"乡举里选"的古意。省试一级则严格封弥试卷，以便精考艺业，防止作弊。在人才培养方面，则应大力发展教育，令"诸路州郡有学校处，奏举通经有道之士，专于教授，务在兴行"，使人才的培养和选拔能够很好地结合起来。

四曰"择官长"。即严格选拔地方各级官员，奖励能吏，罢免不才。在地方各级官吏的选拔任用上实行逐级荐举制，以便改善地方吏治，让民众安居乐业。其具体方式是：中书、枢密院各选转运使、提点刑狱共十人，大藩知州十人；两制共举知州十人；三司副使、判官同举知州五人；御史中丞、知杂、三院御史共举知州五人；开封知府、推官共举知州五人；各路转运使、提点刑狱同举知州五人，知县、县令共十人；各州知州、通判同举知县、县令共二人。凡被举之人，以举主多者优先差补；仍令审官院、流内铨具其历任功过及举主人数，报中书看详，取旨引对。

五曰"均公田"。即改革职田制度。所谓"公田"亦称"职田"，是地方官员俸禄的一部分。自宋真宗时起，朝廷授予官员一定数量的职田，作为官员薪俸的补充。到宋仁宗年间，职官往往被大官僚所占，分配很不公平；又强迫农民耕种，出现扰民现象。范仲淹认为职田之设有利于官员养廉，因而不赞成废除这项制度，而是要求朝廷派员检查，使"有不均者均之""未有给者给之"，使地方官无论大小，都能得到厚禄而尽职，以便"责其廉节，督其善政"。

六曰"厚农桑"。范仲淹认为："善政之要，惟在养民，养民之政，必先务农。"农政既修，则衣食足，衣食足则爱肤体，爱肤体则畏刑罚，畏刑罚则寇盗自息、祸乱不兴。针对当时粮价上涨、府库空虚、军粮匮乏、农民困厄的形势，范仲淹要求朝廷厉行重农政策，兴修水利，减少灾害，鼓励垦荒，发展农业生产。这样既可稳定粮价，减少漕运粮食的费用，又可安定民生，杜绝饥民离乱的现象。

七曰"修武备"。范仲淹很赞赏唐代寓兵于农的府兵制，认为这种制度既无养兵之费，又能保证军队的素质，单纯依靠募兵制已使得朝廷军费开支浩大，财力极度匮乏；西北连年用兵又使得禁军精锐尽集于此，造成京师空虚，缓急难备。

因此他建议朝廷借鉴唐代府兵制度，于京畿及近辅州郡召募强壮之士，每年三季务农、一季训练，既可节省军费，又可增强京师防卫力量。"候京畿近辅召募卫兵已成次第，然后诸道效此，渐可施行"。

八曰"减徭役"。范仲淹针对北宋以来徭役至重的状况，主张精简地方机构，省并县邑。建议先在西京河南府试点，裁县为镇，将十九个县合并为十个县，减少衙门机构，减轻职役负担。然后渐次推广到大名府和其他地区。

九曰"覃恩信"。北宋朝廷每三年举行一次郊祀大典，每次照例要大赦天下，以示天子恩泽。然而各级官府却不能体会"圣意"、切实执行，以至于赦诏颁下还不到一两个月，就"督责如日，桎梏老幼，籍没家产。至于宽赋敛、减徭役、存恤孤寡、振举淹滞之事，未尝施行，使天子及民之意，尽成空言"。为此，范仲淹要求朝廷下旨：今后赦书内宣布之事，如各级官府不能切实执行，一律按违制罪论处；凡天禧以前民间所欠赋税，一概蠲免；今后每遇郊赦，由中书精选臣僚前往各路安抚，"察官吏能否，求百姓疾苦，使赦书中及民之事一一施行"。这样，朝廷才能够取信于民，才可以在民众中树立起恩信。

十曰"重命令"。即加强法制建设，"慎乃出令，令出惟行"。范仲淹批评当时朝廷所降法令条贯"烦而无信"，常常朝令夕改；各级官吏也不把这些条贯当回事，每每贪赃枉法。其结果，必然是"上失其威，下受其弊"。他要求今后订立条法时必须严谨审慎，反复讨论，只有经久适用才可颁行。而一旦颁行，就必须严格遵守，违者重惩。[①]

范仲淹所提十事，除了恢复府兵、征召强壮之外，其余各条均被宋仁宗接受采用，从庆历三年（公元1043年）十月到次年五月，先后以诏书的形式颁行天下，力求实施，这就是人们所熟知的"庆历新政"。

从范、韩、富三人的改革建议来看，其共同的核心内容，就是整顿吏治。具体而言，又包括如下几个方面：一是改革按固定年限叙迁的磨勘制，加强对官员在任期间政绩的考核，使年资和政绩能够很好地结合起来；二是限制恩荫特权，以减轻"冗官"之弊；三是加强监督机制，通过荐举和按察相结合的办法，达到澄清地方吏治的目的。一言以蔽之，就是"进贤退不肖"。除此之外，范仲淹还从加强法制建设（"重命令"）、改革选举制度（"精贡举"）等更为长远的方面提出了改革吏治的途径和方法。[②]

二、庆历新政失败之主客观因素

庆历新政所涉及的范围虽然有限，但其矛头却是直接指向官僚体制的各项弊端，尤其是整顿吏治势必损害到官僚

---

①　（宋）李焘撰：《续资治通鉴长编》卷143《仁宗　庆历三年》，第3443页。

②　参见齐涛主编，李晓、江晓涛著：《中国政治通史》第六卷，动荡与变迁的宋辽金政治，泰山出版社2003年版，第193—198页。

队伍中不少人的既得利益，其所遇到的阻力之大自然也就可想而知了。

宋代官员，有所谓勘磨。文官三年一迁，武官五年一迁，不限内外，不问劳逸，好坏都一样。做事之人，兴利除弊，往往被看作"生事"，阻挠、妒嫉、非笑，即随之而来。一有差错，便被挤陷。不做事，尸位素餐，即使能力极差，人望极次，照例年限一到，升官进秩。庆历三年（公元 1043 年）十月，在范仲淹提议下，宋仁宗诏令中书、枢密院新定勘磨之制。十一月，对荫补之法也作了修改。新的荫补法公布后，侥幸之人，都为自己利益受到侵害而出怨言，相互诽谤范仲淹的新政。范仲淹深信，贤者在位，能者在政，可以医国救民。他检查全国监司的名单，把不称职的转运使、提点刑狱一一勾掉，打算逐一撤换。枢密使富弼不甚同意，对他说："你勾得容易，可被勾去的一家人都要哭了。"范仲淹说："一家哭何如一路哭耶！"①

当初，韩琦在提出自己的改革方案时，已经预感到"数事之举，谤必随之"，所以他特别希望宋仁宗能够"委信辅臣，听其措置，虽有怨谤，断在不疑"，认为只有这样，才能使"纲纪渐振，而太平可期"②。富弼的"进贤退不肖、止侥幸、去宿弊"的改革建议刚刚提出，就引起了朝野众多官僚的"不悦"。范仲淹早就被守旧官僚们讥为"迂阔"，此番

---

① （宋）朱熹《五朝名臣言行录》卷七之二。

② （宋）李焘撰：《续资治通鉴长编》卷142《仁宗　庆历三年》，第3414页。

主持新政，更成为保守官僚攻击的对象。他们故伎重演，仍以"朋党"之名攻击改革派，诋毁新政，最终导致新政的夭折。《宋史·范仲淹传》说：范仲淹"更张无渐，规摹阔大，论者以为不可行。及按察使出，多所举劾，人心不悦。自任子之恩薄，磨勘之法密，侥幸者不便，于是谤毁稍行，而朋党之论浸闻上矣"。①

宋仁宗虽然也主张革新，但他是位"宽仁少断"的"官家"，遇事犹豫不决、"无定志"。王夫之在《宋论》中评价：宋仁宗"进"的时候，也不坚持进；"退"的时候，也不退到底，时而又进；大臣们意见一致的时候，很容易贯彻执行；但遇到出现分歧、互相攻击时，他常常将双方同时罢免以息事宁人；使"吏无适守，民无适从"。结果，宰相、枢密两府的官员常常反复更换、屡进屡退。宋仁宗亲政的三十年中，两府大臣换了四十余人，"计此三十年间，人才之黜陟，国政之兴革，一彼一此，不能以岁终"②。范仲淹就是其中的一个例子，在宋夏战争爆发前他被一再调进调出，时而为地方官，时而为京官；新政开始后，同样如此。这就为庆历新政的忽兴忽败埋下了伏笔。

新政伊始，就在反对派们众口铄金，准备向新政官员施

---

① （元）脱脱等撰：《宋史》，第 10253、10275 页。

② （清）王夫之著：《宋论》卷 4《仁宗》，杨坚总修订，岳麓书社 2011 年版，第 037 页。

放明枪暗箭时，新进士大夫们自身的弱点如不能团结一心、意气用事、固执己见，等等，以及对新政的准备不足也迅速暴露了出来，凡此种种漏洞又被反对派们及时利用，加以攻击，从而使新政开始不久即不幸夭折。

新政危机首先是来自台谏的分裂。

庆历新政中，欧阳修也是一位十分重要的人物。他不但文章名冠天下，而且一向以风节自持，遇事敢言，是公认的清流领袖，也是范仲淹最坚定的改革支持者。庆历三年（公元1043年），宋仁宗调整谏官人选，以天下名士为之，欧阳修即在首选之中，被任命为知谏院。上任伊始，他就表现得十分活跃：遇事必奏，言辞切直，举劾官吏，无所顾忌，每每以检举揭发朝中"小人"为己任，以至"人视之如仇"[1]。而他在新政之初攻击得最多的，竟然也是以弹劾官员为主要职责的御史台。

当时御史台的长官是王拱辰。他与欧阳修不但是天圣八年（公元1030年）的同年进士（王为状元，修为省元），而且还是连襟（二人同为前参知政事薛奎之婿）。按照一般的规律，这种同年加亲戚的关系，最能结成天然的盟友，可是他们却在新政期间成了政治斗争上的死对头。这也许是因为二人都极端自负、互相攀比、谁也不服谁的缘故。

就在庆历三年（公元1043年）十一月，欧阳修上书仁宗

---

① （元）脱脱等撰：《宋史》，第10376页。

说："近年台官，无一人可称者，近日台官，至有弹教坊弟子郑州来者，朝中传以为笑。台宪非才，近岁尤甚！"[1]如此喋喋不休地攻击御史台官，势必引起王拱辰及其前任贾昌朝（现任参知政事）等人的不满，造成台谏之间的分裂和对抗，其后果是十分严重的。自此以后，御史台遂成为新政人士的公开敌人，成为阻碍新政实施的一股重要政治力量。

庆历四年（公元1044年）正月，刑部员外郎、天章阁待制、权知凤翔府滕宗谅被贬为祠部员外郎、知虢州。

滕宗谅就是范仲淹在其名篇《岳阳楼记》中提到的滕子京。他跟范仲淹是同年进士，为人尚气节，以倜傥自任，一派名士风度。滕、范二人可谓是一对志趣相投、患难与共的志同道合的朋友。早年间，滕子京也做过谏官（左司谏），跟范仲淹一样敢言，因为多次上书批评宋仁宗沉溺女色而触犯龙颜，被贬出京城。后来范仲淹调离西北，力荐滕宗谅接任。然而没过多久，监察御史梁坚就弹劾滕宗谅滥用公使钱，数额达十六万贯之巨，其中除少量是按旧例犒赏西北蕃部之外，其余绝大部分都被滕氏做了人情、揣入私囊。不仅如此，御史还控告滕宗谅在听说朝廷要派人前来按察后，竟擅自焚毁了账本。宋仁宗于是大怒，令御史台全力追究此事。

这件事很快就演变成参知政事范仲淹与御史中丞王拱辰之间的直接冲突。范仲淹慷慨陈词、长篇大论，坚称滕氏是

---

[1]　（宋）李焘撰：《续资治通鉴长编》卷145《仁宗　庆历三年》，第3495页。

一些改革政治的主张，不啻为一篇新法宣言。全文如下：

> 臣愚不肖，蒙恩备使一路，今又蒙恩召还阙廷，有所任属，而当以使事归报陛下。不自知其无以称职，而敢缘使事之所及，冒言天下之事，伏惟陛下详思而择其中，幸甚。

> 臣窃观陛下有恭俭之德，有聪明睿智之才，夙兴夜寐，无一日之懈，声色狗马、观游玩好之事，无纤介之蔽，而仁民爱物之意，孚于天下；而又公选天下之所愿以为辅相者，属之以事，而不贰于谗邪倾巧之臣。此虽二帝三王之用心，不过如此而已，宜其家给人足，天下大治；而效不至于此，顾内则不能无以社稷为忧，外则不能无惧于夷狄，天下之财力日以困穷，而风俗日以衰坏，四方有志之士，偲偲然常恐天下之久不安。此其故何也？患在不知法度故也。

> 今朝廷法严令具，无所不有，而臣以谓无法度者，何哉？方今之法度，多不合乎先王之政故也。孟子曰："有仁心仁闻而泽不加于百姓者，为政不法于先王之道故也。"以孟子之说，观方今之失，正在于此而已。

> 夫以今之世，去先王之世远，所遭之变、所遇之势不一，而欲一二修先王之政，虽甚愚者，犹知其难也。然臣以谓今之失，患在不法先王之政者，以谓当法其意而已。夫二帝三王，相去盖千有余载，一治一乱，其盛衰之时具矣。其所遭之变、所遇之势，亦各不同，其施设之方亦皆殊。而其

为天下国家之意，本末先后，未尝不同也。臣故曰：当法其意而已。法其意，则吾所改易更革，不至乎倾骇天下之耳目，嚣天下之口，而固已合乎先王之政矣。

虽然，以方今之势揆之，陛下虽欲改易更革天下之事，合于先王之意，其势必不能也。陛下有恭俭之德，有聪明睿智之才，有仁民爱物之意，诚加之意，则何为而不成，何欲而不得？然而臣顾以谓陛下虽欲改易更革天下之事，合于先王之意，其势必不能者，何也？以方今天下之人才不足故也。

臣尝试窃观天下在位之人，未有乏于此时者也。夫人才乏于上，则有沉废伏匿在下，而不为当时所知者矣。臣又求之于间巷草野之间，而亦未见其多焉。岂非陶冶而成之者非其道而然乎？臣以谓方今在位之人才不足者，以臣使事之所及，则可知矣。今以一路数千里之间，能推行朝廷之法令，知其所缓急，而一切能使民以修其职事者甚少，而不才苟简贪鄙之人，至不可胜数。其能讲先王之意，以合当时之变者，盖阖郡之间，往往而绝也。朝廷每一令下，其意虽善，在位者犹不能推行，使膏泽加于民，而吏辄缘之为奸，以扰百姓。臣故曰：在位之人才不足，而草野间巷之间，亦未见其多也。夫人才不足，则陛下虽欲改易更革天下之事，以合先王之意，大臣虽有能当陛下之意而欲领此者，九州之大，四海之远，孰能称陛下之指，以一二推行此，而人人蒙其施者乎？臣故曰：其势必未能也。孟子曰："徒法不能以自行。"非此之谓乎？然则方今之急，在于人才而已。诚能使天下之才众多，然后在位之才可以择其人而取足焉。在位者得其才矣，然后稍视时势之可否，而因人情之患苦，变更天下之弊法，以趋先王之意，甚易也。今之天下，亦先王之天下。先王之时，人才尝众矣，何至于今而独不足乎？故曰：陶冶而成之者，非其道故也。

商之时，天下尝大乱矣。在位贪毒祸败，皆非其人。及文王之起，而天下之才尝少矣。当是时，文王能陶冶天下之士，而使之皆有士君子之才，然后随其才之所有而官使之。《诗》曰："岂弟君子，遐不作人。"此之谓也。及其成也，微贱兔罝之人，犹莫不好德，《兔罝》之诗是也。又况于在位之人乎？夫文王惟能如此，故以征则服，以守则治。《诗》曰："奉璋峨峨，髦士攸宜。"又曰："周王于迈，六师及之。"言文王所用，文武各得其才，而无废事也。及至夷、厉之乱，天下之才又尝少矣。至宣王之起，所与图天下之事者，仲山甫而已。故诗人叹之曰："德輶如毛，维仲山甫举之，爱莫助之。"盖闵人士之少，而山甫之无助也。宣王能用仲山甫，推其类以新美天下之士，而后人才复众。于是内修政事，外讨不庭，而复有文、武之境土。故诗人美之曰："薄言采芑，于彼新田，于此菑亩。"言宣王能新美天下之士，使之有可用之才，如农夫新美其田，而使之有可采之芑也。由此观之，人之才，未尝不自人主陶冶而成之者也。

所谓陶冶而成之者，何也？亦教之、养之、取之、任之有其道而已。

所谓教之之道，何也？古者天子诸侯，自国至于乡党皆有学，博置教导之官而严其选。朝廷礼乐刑政之事皆在于学，士所观而习者，皆先王之法言德行治天下之意，其材亦可以为天下国家之用。苟不可以为天下国家之用，则不教也，苟可以为天下国家之用者，则无不在于学。此教之之道也。

所谓养之之道，何也？饶之以财，约之以礼，裁之以法也。何谓饶之以财？人之情，不足于财，则贪鄙苟得，无所不至。先王知其如此，故其制禄，自庶人之在官者，其禄已足以代其耕矣。由此等而上之，每有加焉，使其足以养廉耻而离于贪鄙之行。犹以为未也，又推其禄以及其子孙，谓之世禄。使其生也，既于父子、兄弟、妻子之养，婚姻、朋友之接，皆无憾矣；其死也，又于子孙无不足之忧焉。何谓约之以礼？人情足于财而无礼以节之，则又放僻邪侈，无所不至。先王知其如此，故为之制度。婚丧、祭养、燕享之事，服食、器用之物，皆以命数为之节，而齐之以律度量衡之法。其命可以为之而财不足以具，则弗具也；其财可以具而命不得为之者，不使有铢两分寸之加焉。何谓裁之以法？先王于天下之士，教之以道艺矣，不帅教则待之以屏弃远方、终身不齿之法。约之以礼矣，不循礼则待之以流、杀之法。《王制》曰："变衣服者，其君流。"《酒诰》曰："厥或诰曰：'群饮，汝勿佚。尽执拘以归于周，予其杀。'"夫群饮、变衣服，小罪也；流、杀，大刑也。加小罪以大刑，先王所以忍而不疑者，以为不如是，不足以一天下之俗而成吾治。夫约之以礼，裁之以法，天下所以服从无抵冒者，又非独其禁严而治察之所能致也。盖亦以吾至诚恻怛之心，力行而为之倡。凡在左右通贵之人，皆顺上之欲而服行之，有一不帅者，法之加必自此始。夫上以至诚行之，而贵者知避上之所恶矣，则天下之不罚而止者众矣。故曰：此养之之道也。

所谓取之之道者，何也？先王之取人也，必于乡党，必于庠序，使众人推其所谓贤能，书之以告于上而察之。诚贤能也，然后随其德之大小、才之高下而官使之。所谓察之者，非专用耳目之聪明而听私于一人之口也。欲审知其德，问以行；欲审知其才，问以言。得其言行，则试之以事。所谓察之者，试之以事是也。虽尧之用舜，亦不过如此而已，又况其下乎？若夫九州之大，四海之远，万官亿丑之贱，所须士大夫之才则众矣，有天下者，又不可以一二自察之也，又不可以偏属于一人，而使之于一日二日之间，考试其行能而进退之也。盖吾已能察其才行之大者，以为大官矣，因使之取其类以持久试之，而考其能者以告于上，而后以爵命、禄秩予之而已。此取之之道也。

所谓任之之道者，何也？人之才德高下厚薄不同，其所任有宜有不宜。先王知其如此，故知农者以为后稷，知工者以为共工。其德厚而才高者以为之长，德薄而才下者以为之佐属。又以久于其职，则上狃习而知其事，下服驯而安其教，贤者则其功可以至于成，不肖者则其罪可以至于著，故久其任而待之以考绩之法。夫如此，故智能才力之士，则得尽其智以赴功，而不患其事之不终、其功之不就也。偷惰苟且之人，虽欲取容于一时，而顾僇辱在其后，安敢不勉乎？若夫无能之人，固知辞避而去矣，居职任事之日久，不胜任之罪，不可以幸而免故也。彼且不敢冒而知辞避矣，尚何有比周、谗谄、争进之人乎？取之既已详，使之既已当，处之既已久，至其任之也又专焉，而不一二以法束缚之，而使之得行其意，尧、舜之所以理百官而熙众工者，以此而已。《书》曰："三载考绩，三考，黜陟幽明。"此之谓也。然尧、舜之时，其所黜者则闻之矣，盖四凶是也。其所陟者，则皋陶、稷、契，皆终身一官而不徙，盖其所谓陟者，特加之爵命、禄赐而已耳。此任之之道也。

夫教之、养之、取之、任之之道如此，而当时人君又能与其大臣，悉其耳目心力，至诚恻怛，思念而行之。此其人臣之所以无疑，而于天下国家之事，无所欲为而不得也。

方今州县虽有学，取墙壁具而已，非有教导之官、长育人才之事也。唯太学有教导之官，而亦未尝严其选。朝廷礼乐刑政之事，未尝在于学。学者亦漠然自以礼乐刑政为有司之事，而非己所当知也。学者之所教，讲说章句而已。讲说章句，固非古者教人之道也。近岁乃始教之以课试之文章。夫课试之文章，非博诵强学、穷日之力则不能及。其能工也，大则不足以用天下国家，小则不足以为天下国家之用。故虽白首于庠序，穷日之力，以帅上之教，及使之从政，则茫然不知其方者，皆是也。盖今之教者，非特不能成人之才而已，又从而困苦毁坏之，使不得成才者，何也？夫人之才，成于专而毁于杂。故先王之处民才，处工于官府，处农于畎亩，处商贾于肆，而处士于庠序，使各专其业，而不见异物，惧异物之足以害其业也。所谓士者，又非特使之不得见异物而已，一示之以先王之道，而百家诸子之异说，皆屏之而莫敢习者焉。今士之所宜学者，天下国家之用也。今悉使置之不教，而教之以课试之文章，使其耗精疲神、穷日之力以从事于此。及其任之以官也，则又悉使置之而责之以天下国家之事。夫古之人以朝夕专其业于天下国家之事，而犹才有能有不能。今乃移其精神，夺其日力，以朝夕从事于无补之学，及其任之以事，然后卒然责之以为天下国家之用，宜其才之足以有为者少矣。臣故曰：非特不能成人之才，又从而困苦毁坏之，使不得成才也。又有甚害者。先王之时，士之所学者，文武之道也。士之才，有可以为公卿大夫，有可以为士，其才之大小、宜不宜则有矣；至于武事，则随其才之大小，未有不学者也。故其大者，居则为六官之卿，出则为六军之将也；其次，则比、闾、族、党之师，亦皆卒两师旅之帅也。故边疆宿卫，皆得士大夫为之，而小人不得奸其任。今之学者，以为文武异事，吾知治文事而已，至于边疆宿卫之任，则推而属之于卒伍，往往天下奸悍无赖之人。苟其才行足自托于乡里者，亦未有肯去亲戚而从召募者也。边疆宿卫，此乃天下之重任，而人主之所当慎重者也。故古者教士以射、御为急，其他技能则视其人才之所宜而后教之，其才之所不能，则不强也。至于射，则为男子之事。人之生，有疾则已，苟无疾，未有去射而不学者也。在庠序之间，固当从事于射也。有宾客之事则以射，有祭祀之事则以射，别士之行同能偶则以射，于礼乐之事，未尝不寓以射，而射亦未尝不在于礼乐、祭祀之间也。《易》曰："弧矢之利，以威天下。"先王岂以射为可以习揖让之仪而已乎？固以为射者武事之尤大，而威天下、守国家之具也。居则以是习礼乐，出则以是从战伐，士既朝夕从事于此而能者众，则边疆宿卫之任皆可以择而取也。夫士尝学先王之道，其行义尝见推于乡党矣，然后因其才而托之以边疆宿卫之事，此古之人君所以推干戈以属之人，而无内外之虞也。今乃以夫天下之重任、人主所当至慎之选，推而属之奸悍无赖、才行不足自托于乡里之人，此方今所以谍谍然常抱边疆之忧，而虞宿卫之不足特以为安也。今孰不知边疆宿卫之士不足特以为安哉？顾以为天下学士以执兵为耻，而亦未有能骑射、行阵之事者，则非召募之卒伍，孰能任其事者乎？夫不严其教、高其选，则士之以执兵为耻，而未尝有能骑射、行阵之事，固其理也。凡此皆教之非其道故也。

　　方今制禄，大抵皆薄。自非朝廷侍从之列，食口稍众，未有不兼农商之利而能充其养者也。其下州县之吏，一月所得，多者钱八九千，少者四五千，以守选、待除、守阙通之，盖六七年而后得三年之禄，计一月所得乃实不能四五千，少者乃实不能及三四千而已。虽厮养之给，不窘于此矣，而其养生、丧死、婚姻、葬送之事，皆当出于此。夫出中人之上者，虽穷而不失为君子，出中人之下者，虽泰而不失为小人。唯中人不然，穷则为小人，泰则为君子。计天下之士，出中人之上下者，千百而无十一，穷而为小人、泰而为君子者，则天下皆是也。先王以为众不可以力胜也，故制行不以己，而以中人为制，所以因其欲而利道之，以为中人之所能守，则其志可以行乎天下而推之后世。以今之制禄而欲士之无毁廉耻，盖中人之所不能也。故今官大者，往往交赂遗、营赀产，以负贪污之毁；官小者，贩鬻乞丐，无所不为。夫士已尝毁廉耻、以负累于世矣，则其偷惰取容之意起，而矜奋自强之心息，则职业安得而不弛，治道何从而兴乎？又况委法受赂、侵牟百姓者，往往而是也。此所谓不能饶之以财也。

婚丧、奉养、服食、器用之物，皆无制度以为之节，而天下以奢为荣，以俭为耻。苟其财之可以具，则无所为而不得，有司既不禁，而人又以此为荣；苟其财不足而不能自称于流俗，则其婚丧之际，往往得罪于族人亲姻，而人以为耻矣。故富者贪而不知止，贫者则强勉其不足以追之，此士之所以重困，而廉耻之心毁也。凡此所谓不能约之以礼也。

方今陛下躬行俭约以率天下，此左右通贵之臣所亲见。然而其闺门之内，奢靡无节，犯上之所恶，以伤天下之教者，有已甚者矣，未闻朝廷有所放绌，以示天下。昔周之人，拘群饮而被之以杀刑者，以为酒之末流生害，有至于死者众矣，故重禁其祸之所自生。重禁祸之所自生，故其施刑极省，而人之抵于祸败者少矣。今朝廷之法所尤重者，独贪吏耳，重禁贪吏而轻奢靡之法，此所谓禁其末而弛其本。然而世之识者，以为方今官冗，而县官财用已不足以供之，其亦蔽于理矣。今之入官诚冗矣，然而前世置员盖甚少，而赋禄又如此之薄，则财用之所不足，盖亦有说矣。吏禄岂足计哉？臣于财利固未尝学，然窃观前世治财之大略矣。盖因天下之力以生天下之财，取天下之财以供天下之费。自古治世未尝以不足为天下之公患也，患在治财无其道耳。今天下不见兵革之具，而元元安土乐业，人致己力，以生天下之财，然而公私常以困穷为患者，殆以理财未得其道，而有司不能度世之宜而通其变耳。诚能理财以其道而通其变，臣虽愚，固知增吏禄不足以伤经费也。方今法严令具，所以罗天下之士，可谓密矣，然而亦尝教之以道艺，而有不帅教之刑以待之乎？亦尝约之以制度，而有不循理之刑以待之乎？亦尝任之以职事，而有不任事之刑以待之乎？夫不先教之以道艺，诚不可以诛其不帅教；不先约之以制度，诚不可以诛其不循理；不先任之以职事，诚不可以诛其不任事。此三者，先王之法所尤急也，今皆不可得诛。而薄物细故、非害治之急者，为之法禁。月异而岁不同，为吏者至于不可胜记，又况能一二避之而无犯者乎？此法令所以玩而不行，小人有幸而免者，君子有不幸而及者焉。此所谓不能裁之以刑也。凡此皆治之非其道也。

方今取士，强记博诵而略通于文辞，谓之茂才异等、贤良方正。茂才异等、贤良方正者，公卿之选也。记不必强，诵不必博，略通于文辞，而又尝学诗赋，则谓之进士。进士之高者，亦公卿之选也。夫此二科所得之技能，不足以为公卿，不待论而后可知。而世之议者，乃以为吾常以此取天下之士，而才之可以为公卿者，常出于此，不必法古之取人而后得士也，其亦蔽于理矣。先王之时，尽所以取人之道，犹惧贤者之难进，而不肖者之杂于其间也。今悉废先王所以取士之道，而驱天下之才士，悉使为贤良、进士，则士之才可以为公卿者，固宜为贤良、进士，而贤良、进士亦固宜有时而得才之可以为公卿者也。然而不肖者，苟能雕虫篆刻之学，以此进至乎公卿，才之可以为公卿者，困于无补之学，而以此绌死于岩野，盖十八九矣。夫古之人有天下者，其所以慎择者，公卿而已。公卿既得其人，因使推其类以聚于朝廷，则百司庶物，无不得其人也。今使不肖之人，幸而至乎公卿，因得推其类聚之朝廷，此朝廷所以多不肖之人，而虽有贤智，往往困于无助，不得行其意也。且公卿之不肖，既推其类以聚于朝廷；朝廷之不肖，又推其类以备四方之任使；四方之任使者，又各推其不肖以布于州郡。则虽有同罪举官之科，岂足特哉？适足以为不肖者之资而已。其次九经、五经、学究、明法之科，朝廷固已尝患其无用于世，而稍责之以大义矣。然大义之所得，未有以贤于故也。今朝廷又开明经之选，以进经术之士。然明经之所取，亦记诵而略通于文辞者，则得之矣。彼通先王之意而可以施于天下国家之用者，顾未必得与此选也。其次则恩泽子弟，庠序不教之以道艺，官司不考问其才能，父兄不保任其行义，而朝廷辄以官予之，而任之以事。武王数纣之罪，则曰"官人以世"。夫官人以世而不计其才行，此乃纣之所以乱亡之道，而治世之所无也。又其次曰流外。朝廷固已挤之于廉耻之外，而限其进取之路矣。顾属之以州县之事，使之临士民之上，岂所谓以贤治不肖者乎？以臣使事之所及，一路数千里之间，州县之吏，出于流外者往往而有，可属任以事者，殆无二三，而当防闲其奸者，皆是也。盖古者有贤不肖之分，而无流品之别，故孔子之圣而尝为季氏吏，盖虽为吏而亦不害其为公卿。及后世有流品之别，则凡在流外者，其所成立，固尝自置于廉耻之外，而无高人之意矣。夫以近世风俗之流靡，自虽士大夫之才，势足以进取，而朝廷尝奖之以礼义者，晚节末路，往往怵而为奸；况又其素所成立，无高人之意，而朝廷固已挤之于廉耻之外，限其进取者乎？其临人亲职，放僻邪侈，固其理也。至于边疆宿卫之选，则臣固已言其失矣。凡此皆取之非其道也。

方今取之既不以其道，至于任之又不问其德之所宜，而问其出身之后先，不论其才之称否，而论其历任之多少。以文学进者，且使之治财。已使之治财矣，又转而使之典狱。已使之典狱矣，又转而使之治礼。是则一人之身而责之以百官之所能备，宜其人才之难为也。夫责人以其所难为，则人之能为者少矣。人之能为者少，则相率而不为。故使之典礼，未尝以不知礼为忧，以今之典礼者未尝学礼故也。使之典狱，未尝以不知狱为耻，以今之典狱者未尝学狱故也。天下之人，亦已渐渍于失教，被服于成俗，见朝廷有所任使，非其资序，则相议而讪之，至于任使之不当其才，未尝有非之者也。且在位者数徙，则不得久于其官，故上不能狃习而知其事，下不肯服驯而安其教，贤者则其功不可以及于成，不肖者则其罪不可以至于著。若夫迎新将故之劳，缘绝簿书之弊，固其害之小者，不足悉数也。设官大抵皆当久于其任，而至于所部者远，所任者重，则尤宜久于其官，而后可以责其有为。而方今尤不得久于其官，往往数日辄迁之矣。

取之既已不详，使之既已不当，处之既已不久，至于任之则又不专，而又一二以法束缚之，使不得行其意，臣故知当今在位多非其人，稍假借之权而不一二以法束缚之，则放恣而无不为。虽然，在位非其人而恃法以为治，自古及今，未有能治者也。即使在位皆得其人矣，而一二之以法束缚之，不使之得行其意，亦自古及今未有能治者也。夫取之既已不详，使之既已不当，处之既已不久，任之又不专，而一二之以法束缚之，故虽贤者在位，能者在职，与不肖而无能者殆无以异。夫如此，故朝廷明知其贤能足以任事，苟非其资序则不以任事而辄进之，虽进之，士犹不服也。明知其无能而不肖，苟非有罪，为在事者所劾，不敢以其不胜任而辄退之，虽退之，士犹不服也。彼诚不肖无能，然而士不服者何也？以所谓贤能者任其事，与不肖而无能者，亦无以异故也。臣前以谓不能任人以职事而无不任事之刑以待之者，盖谓此也。

夫教之、养之、取之、任之，有一非其道，则足以败天下之人才，又况兼此四者而有之，则在位不才、苟简、贪鄙之人，至于不可胜数，而草野闾巷之间，亦少可任之才，固不足怪。《诗》曰："国虽靡止，或圣或否。民虽靡膴，或哲或谋，或肃或艾。如彼泉流，无沦胥以败。"此之谓也。

夫在位之人才不足矣，而闾巷草野之间，亦少可用之才，则岂特行先王之政而不得也，社稷之托，封疆之守，陛下其能久以天幸为常而无一旦之忧乎？盖汉之张角，三十六方同日而起，所在郡国莫能发其谋；唐之黄巢，横行天下，而所至将吏无敢与之抗者。汉、唐之所以亡，祸自此始。唐既亡矣，陵夷以至五代，而武夫用事，贤者伏匿消沮而不见，在位无复有知君臣之义、上下之礼者也。当是之时，变置社稷，盖甚于弈棋之易，而元元肝脑涂地，幸而不转死于沟壑者无几耳。夫人才不足，其患盖如此。而方今公卿大夫，莫肯为陛下长虑后顾，为宗庙万世计，臣窃惑之。昔晋武帝趣过目前，而不为子孙长远之谋，当时在位亦皆偷合苟容，而风俗荡然，弃礼义，捐法制，上下同失，莫以为非。有识固知其将必乱矣，而其后果海内大扰，中国列于夷狄者二百馀年。伏惟三庙祖宗神灵所以付属陛下，固将为万世血食，而大庇元元于无穷也。臣愿陛下鉴汉、唐、五代之所以乱亡，惩晋武苟且因循之祸，明诏大臣，思所以陶成天下之才，虑之以谋，计之以数，为之以渐，期为合于当世之变，而无负于先王之意，则天下之人才不胜用矣。人才不胜用，则陛下何求而不得，何欲而不成哉？夫虑之以谋，计之以数，为之以渐，则成天下之才甚易也。

臣始读《孟子》，见孟子言王政之易行，心则以为诚然。及见与慎子论齐、鲁之地，以为先王之制国，大抵不过百里者，以为今有王者起，则凡诸侯之地，或千里，或五百里，皆将损之至于数十百里而后止。于是疑孟子虽贤，其仁智足以一天下，亦安能毋劫之以兵革，而使数百千里之强国，一旦肯损其地之十八九，比于先王之诸侯？至其后，观汉武帝用主父偃之策，令诸侯王地悉得推恩封其子弟，而汉亲临定其号名，辄别属汉。于是诸侯王之子弟，各有分土，而势强地大者，卒以分析弱小，然后知虑之以谋、计之以数、为之以渐，则大者固可使小，强者固可使弱，而不至乎倾骇变乱败伤之衅。孟子之言不为过，又况今欲改易更革，其势非若孟子所为之难也。臣故曰：虑之以谋，计之以数，为之以渐，则其为甚易也。

然先王之为天下，不患人之不为，而患人之不能，不患人之不能，而患己之不勉。何谓不患人之不为而患人之不能？人之情所愿得者，善行、美名、尊爵、厚利也，而先王能操之以临天下之士。天下之士有能遵之以治者，则悉以其所愿得者以与之。士不能则已矣，苟能则孰肯舍其所愿得，而不自勉以为才？故曰：不患人之不为，患人之不能。何谓不患人之不能而患己之不勉？先王之法，所以待人者尽矣，自非下愚不可移之才，未有不能赴者也。然而不谋之以至诚恻怛之心，力行而先之，未有能以至诚恻怛之心，力行而应之者也。故曰：不患人之不能，而患己之不勉。陛下诚有意乎成天下之才，则臣愿陛下勉之而已。

臣又观朝廷异时欲有所施为变革，其始计利害未尝熟也，顾一有流俗侥幸之人不悦而非之，则遂止而不敢为。夫法度立则人无独蒙其幸者，故先王之政虽足以利天下，而当其承弊坏之后，侥幸之时，其创法立制，未尝不艰难也。以其创法立制而天下侥幸之人亦顺说以趋之，无有龃龉，则先王之法至今存而不废矣。惟其创法立制之艰难，而侥幸之人不肯顺悦而趋之，故古之人欲有所为，未尝不先之以征诛而后得其意。《诗》曰："是伐是肆，是绝是忽，四方以无拂。"此言文王先征诛而后得意于天下也。夫先王欲立法度，以变衰坏之俗而成人之才，虽有征诛之难，犹忍而为之，以为不若是不可以有为也。及至孔子，以匹夫游诸侯，所至则使其君臣捐所习，逆所顺，强所劣，懂懂如也，卒困于排逐。然孔子亦终不为之变，以为不如是不可以有为，此其所守，盖与文王同意。夫在上之圣人莫如文王，在下之圣人莫如孔子，而欲有所施为变革，则其事盖如此矣。今有天下之势，居先王之位，创立法制，非有征诛之难也；虽有侥幸之人不悦而非之，固不胜天下顺悦之人众也。然而一有流俗侥幸不悦之言，则遂止而不敢为者，惑也。陛下诚有意乎成天下之才，则臣又愿断之而已。

夫虑之以谋，计之以数，为之以渐，而又勉之以成，断之以果，然而犹不能成天下之才，则以臣所闻盖未有也。

然臣之所称，流俗之所不讲，而今之议者，以谓迂阔而熟烂者也。窃观近世士大夫所欲悉心力耳目以补助朝廷者有矣。彼其意，非一切利害则以为当世所不能行者。士大夫既以此希世，而朝廷所取于天下之士，亦不过如此。至于大伦大法、礼义之际，先王之所力学而守者，盖不及也。一有及此，则群聚而笑之，以为迂阔。今朝廷悉心于一切之利害，有司法令于刀笔之间，非一日也，然其效可观矣。则夫所谓迂阔而熟烂者，惟陛下亦可以少留神而察之矣。昔唐太宗贞观之初，人人异论，如封德彝之徒，皆以为非杂用秦、汉之政，不足以为天下。能思先王之事、开太宗者，魏文贞公一人尔。其所施设，虽未能尽当先王之意，抑其大略可谓合矣。故能以数年之间而天下几致刑措，中国安宁，蛮夷顺服，自三王以来，未有如此盛时也。唐太宗之初，天下之俗，犹今之世也，魏文贞公之言，固当时所谓迂阔而熟烂者也，然其效如此。贾谊曰："今或言德教之不如法令，胡不引商、周、秦、汉以观之？"然则唐太宗之事，亦足以观矣。

臣幸以职事归报陛下，不自知其驽下无以称职，而敢及国家之大体者，以臣蒙陛下任使而当归报。窃谓在位之人才不足，而无以称朝廷任使之意，而朝廷所以任使天下之士者，或非其理，而士不得尽其才，此亦臣使事之所及，而陛下之所宜先闻者也。释此一言而毛举利害之一二，以污陛下之聪明，而终无补于世，则非臣所以事陛下惓惓之义也。伏惟陛下详思而择其中，天下幸甚。①

① （宋）王安石著：《临川先生文集》卷39《上仁宗皇帝言事书》，第749—769页。

在《上仁宗皇帝言事书》中，王安石以铁肩道义自任，议论高奇，理论博大，勇于担当，慨然有矫世变俗之志，强烈的政治责任感和自信心使他义无反顾地进言献策，真诚地表达出一个务实的士大夫官僚所具备的政治素质和道义责任。

在这份长达八千多字的《言事书》中，王安石先是简要地概括了当时严峻的政治局势与经济困境，并指出造成这种严峻环境的缘由乃是"不知法度"，具体而言就是"方今之法度，多不合乎先王之道故也"。王安石从"法度"上着眼，对仁宗皇帝大胆提出了"改易更革天下之事，合乎先王之意"的变法主张。他认为只有通过"改易更革"，才能扭转王朝的政治、经济、社会危机。而所谓的使法度符合"先王之意"，就是要建立适应实际情况的"改易更革"的思想理论。王安石在担任地方官期间，总是大举兴利除弊，具有积极的务实精神；而当时的官绅士大夫阶层，大都养成了袭故蹈常的风气，因循苟且，对政事得过且过。如何才能最大限度地降低袭故蹈常的官僚士大夫的反对声浪，使改易更革事业顺利开展起来，这显然是对当时主政官员政治智慧的一大考验。

王安石的"改易更革"之法，就是高举"法先王"的旗帜，试图用法"先王之意"的理论，来减少革新的阻力。

王安石认为，"法先王"是儒家所塑造的王道政治伦理的典范，可以归纳为三个方面：第一，先王是王道政治领袖人格的象征。第二，先王是王道政治伦理的化身，具备着最高的道德人格。第三，先王是王道政治的立法者，也是理想法度的标志。"善言古者，必有节于今"①。"周虽旧邦，其命维新"②。王安石"法先王"的目的在于开新命。

在王安石看来，朝廷所有的法度，最终都必须通过官吏来实施，然而，能够推进"先王之政"，施行"先王法度"，懂得朝廷治理意图的人才却非常匮乏，而造成人才匮乏的原因是陶冶培育不得其道，那么解决之方何在？王安石借古论今，从"教之、养之、取之、任之"四个方面具体地阐述了"陶冶人才"的方针和措施。

在"教之之道"方面，王安石提出，必须把"朝廷礼乐刑政之事"和作为"威天下，守国家之具"的"骑射行阵之事"都作为在学士子学习的主要学科，而不要再使学者"以为文武异事""以执兵为耻"；更不要再去"耗精疲神，穷日力以从事于课试之文章"，亦即诗赋之类的"雕虫篆刻"的"无补之学"，因为那样的教学内容，"非特不能成人之才"，而且更是"困苦毁坏之，使不得成才"的罪魁祸首。

在"养之之道"方面，王安石提出，既要"饶之以财"，即使得"自庶人之在官者，其禄足以代其耕"，"等而上之，每有加焉，使其足以养廉耻而离于贪鄙之行"；同时还要"约

---

① （战国）荀况著：《荀子简释》第二十三篇《性恶》，中华书局1983年版，第332页。

② （清）方玉润撰：《诗经原始》卷之十三大雅一《文王》，中华书局1986年版，第474页。

之以礼"，即按照官吏等级而定出"婚、丧、祭、养"和"服、食、器、用"的各种制度，以免某些人"放僻邪侈，无所不至"。对于凡属不循守教条和规定的，则一律"裁之以法"。

在"取之之道"方面，王安石主张用人唯贤，用人唯才，综核名实。他对北宋所实行的科举制度，包括"贤良方正""茂才异等""进士""明经""学究""明法"等，一概加以否定，认为通过这类途径选拔出来的官员，平素只把功力集中施用在课试之文上，他们的智能，"大则不足以用天下国家，小则不足以为天下国家之用"，"及使之从政，则茫然不知其方"。又因他们只"治文事"而不习军旅征战，没有充任将帅的才能，于是"边疆宿卫之任"就只能"推而属之于卒伍"，亦即经招募而来的"奸悍无赖、才行不足自托于乡里"的那类人。根据上面所举的种种弊端，王安石提出，应当由乡党和学校的群众，推选其所谓贤者和能者以告于上，然后由当政者"欲审知其德，问以行；欲审知其才，问以言"，"然后陋其德之大小，才之高下而官使之"。

在"任之之道"方面，王安石所提出的进行纠正和改革的办法是：第一，用人不应当凭靠其资历，而应当视其才德之所宜，并且要任之专；第二，要任之久，而且要"待之以考绩之法"。具体而言就是按照人的才、德高下厚薄之不同，"其所任有宜有不宜"，而用"知农者以为后稷，知工者以为共工。其德厚而才高者以为之长，德薄而才下者以为之佐属"，确保使每个人都发挥其所长而尽其才，且使其终身从事于一种职守。①

　　总之，《上仁宗皇帝言事书》最核心的思想是在陶冶、培育人才的前提下，通过改革吏治来落实变法的制度成果，这既是王安石长期在基层历练和思考的结果，也是对十四年前由范仲淹主导的庆历新政精神的承袭。南宋时的历史学家吕中就说过，范仲淹之于庆历，犹如王安石之于熙宁。范仲淹庆历新政革除弊政的内容与达到的规模，与王安石变法非常相似。当然，王安石变法掀起的浪潮更大。

　　可惜的是，《上仁宗皇帝言事书》并没有受到仁宗皇帝和当政宰辅大臣的注意。这或许是因为《上仁宗皇帝言事书》将如何培育与造就大量合格的行政官员作为论说的重中之重，而其成就此种目的之路径分析则空言居多，可操作性较低。还有，王安石当时不过是一个三司度支判官，身份与地位都很低，发言权有限，《上仁宗皇帝言事书》的设想当然不会为朝廷主政的官员所重视。但这次上书并不是可有可无的，它对王安石进一步丰富、完善和调整自己的治国方案是有影响的，让他更加务实。因为此次上书，他也获得了很高的声誉。所有这些，都为后来熙宁年间的变法铺垫了基础。

---

① 参见邓广铭著：《北宋政治改革家王安石》，生活·读书·新知三联书店2017年版，第31、32、34页。

二、理财为治国之首务

嘉祐五年（公元 1060 年），王安石任三司度支判官已经一年有余，对于国家的财政经济方针及其执行情况也有了更多更深入的思考。对于如何整理中央财政事务，让财政收支起到推动国家机器运转、达成国家意志与实现目标的恒久驱动力量，王安石似乎已经成竹在胸。恰在此年，做户部员外郎的吕冲之编成了北宋开国以来历任三司度支副使的名录，刻石而镌之于度支副使厅的墙壁之上，要求王安石写一篇《题名记》以记叙其事。王安石遂写出了一篇畅谈理财在国家治理中的重要地位的文章——《度支副使厅壁题名记》。

王安石在文中说：

> 夫合天下之众者财，理天下之财者法，守天下之法者吏也。吏不良，则有法而莫守；法不善，则有财而莫理。有财而莫理，则阡陌闾巷之贱人，皆能私取予之势，擅万物之利，以与人主争黔首，而放其无穷之欲，非必贵强桀大而后能。如是而天子犹为不失其民者，盖特号而已耳。虽欲食蔬衣敝，憔悴其身，愁思其心，以幸天下之给足，而安吾政，吾知其犹不得也。然则善吾法而择吏以守之，以理天下之财，虽上古尧、舜犹不能毋以此为先急，而况于后世之纷纷乎。
>
> 三司副使，方今之大吏，朝廷所以尊宠之甚备。盖今理财之法有不善者，其势皆得以议于上而改为之，非特当守成

法，各出入，以从有司之事而已。其职事如此，则其人之贤
不肖，利害施于天下如何也？观其人，以其在事之岁时，以
求其政事之见于今者，而考其所以佐上理财之方，则其人之
贤不肖，与世之治否，吾可以坐而得矣。此盖吕君之志也[①]

　　王安石在此想要表明的意思是：理财是国家最为重要的
政治事务，理财必须得人，以"佐上理财之方"。我们可以循
着这条线路去勘察王安石的经济思想与理财主张。

　　一般而言，北宋太祖、太宗时期，以五代藩镇横虐为史
鉴，于是拨乱反正，以文臣易方镇，收其精兵，制其钱谷，总
其刑法，正其衡量。天下如一家，政事如一体，如手臂指挥手
指，伸缩自如。于是"四方万里之远，奉尊京师。文符朝下，
期会夕报。伸缩缓急，皆在朝廷矣"[②]。中国历史上完备的中
央集权政治，至此方得以才真正地形成。与政治领域里的新
形势相适应，北宋在经济政策（主要是田制和税收）上也是
围绕增进中央财政收入做文章，但是北宋的经济政策易动而
轻变。不知大国的财政事务，如巨商之理财，不求近效而求
远利。如果都从眼前利益着眼，就会使为君者莫之适从，为
民者无信用可言。王安石希望彻底改变这种状况，实施稳定

---

　　① （宋）王安石著：《临川先生文集》卷82《度支副使厅壁题名记》，第1450页。
　　② （宋）叶适著：《水心别集》卷14《纪纲二》，载《叶适集》，刘公纯、王孝
鱼、李哲夫点校，中华书局1961年版，第813页。

的财政政策，使得中央更多地且更有效地掌控全国的财源。

王安石将理财的对象定位为"国财"和"民财"。他的"理天下之财"，有着三个方面的含义：其一是整理国家财务，即整顿国家的财政收支状况，在摸清国家财政状况的基础上，合理调配财政资源。其二是在前者的基础上将理财扩展为对财富的生产、分配和流通等方面进行有序、有效率的组织与管理，这就包含了整理民间资财的元素。其三是通过开发地力、增加生产、提升劳动生产率等办法来增加社会财富，在此基础上增加国家财政收入，从根本上解决国家财政困乏的问题。这种理财主张集中表现在他在熙宁元年（公元1068 年）八月与司马光在朝廷论争时所提出的"善理财者，民不加赋而国用饶"①的观点上面。

事实上，王安石向大自然讨取财富的理财之道，在他早年任鄞县知县期内就已经产生了。当时，他在《与马运判书》中，即已明确地写道：

　　尝以谓方今之所以穷空，不独费出之无节，又失所以生财之道故也。富其家者资之国，富其国者资之天下，欲富天下则资之天地。盖为家者，不为其子生财，有父之严而子富焉，则何求而不得？今阖门而与其子市，而门之外莫入焉，虽尽得子之财，犹不富也。盖近世之言利虽善矣，皆有国者

---

① 司马光著：《传家集》卷 42《迩英奏对》。

资天下之术耳，直相市于门之内而已，此其所以困欸！ [①]

　　这里所说的"穷空"，显然是指北宋王朝中期以来的"积贫"现象，而导致这一现象的原因，王安石认为虽也在于费用之无节，但最主要的却在于生产不够富足。因此，一定要改变"阖门而与其子市"的办法，亦即不仅要向纳税户征收税收，而且也要向大自然去开发财富，即所谓"资之天地"。

　　"欲富天下则资之天地"是王安石为北宋王朝找到的一个从根本上解决脱贫问题的办法，一经提出，他便一贯奉行，终身坚持。

---

① （宋）王安石著：《临川先生文集》卷75《与马运判书》，第1343—1344页。

第六章　荆公治国理政之方略

熙宁二年（公元1069年）王安石出任参知政事前后，他已经对如何治理国家在大政方针上形成了自己一整套比较系统的理论与主张。主要表现在：第一，方今治国之道，当以"择术"为先；"择术"当以"变风俗，立法度"为先。第二，欲摆脱政治经济社会危机，应该从经济与分配利益入手打破与抑制官僚地主豪强对土地及其他国家与社会资源的兼并与垄断，由中央政府掌控与重新分配一切经济与社会资源，推行"均无贫"政策，重建利益分配秩序。第三，理财重在"开源"，"善理财者，民不加赋而国用饶"。不要仅仅将眼光定在固有赋税征收办法上，不应通过科敛加赋的办法增加民众的负担，更不应该官与民争利。国家理财应该放开眼光，拓宽视野，"欲富天下则资之天地"，去寻找开发自然之利、拓展增加财源的路径等办法上，通过发展和增加农业、手工业、矿冶业等各种产业的生产，扩充和增加社会财富的总量。

一、"择 术"

治平四年（公元 1067 年）正月，宋英宗赵曙去世，其子赵顼以十九岁的弱冠之年即皇帝位，是为宋神宗。

宋神宗是一位急于作为的皇帝，即位后对国家"财不足用于上而下已弊，兵不足威于外而敢骄于内，制度不可为万世法而日益丛杂，一切苟且，不异五代之时"①的内政外交都有深深的焦虑。年轻的皇帝心高气大，他不满意事事因循守旧的官员，希望选用能够引导北宋朝廷走出财政困境与政治危机的股肱能臣，以帮助他实现富国强兵的宏图大略。在曾公亮等元老重臣的推荐下，宋神宗渐渐地将目光聚焦到王安石的身上。

当宋神宗居东宫时，长期做他记室参军（负责撰写章表文檄）的韩维，经常向他称道王安石的学问和为人，这使得他对王安石有了深刻的印象，加上即位后其他人的举荐，宋神宗更加重了对王安石的期望。因此在他继位后之闰三月，就起用王安石知江宁府，同年九月，又改命他为翰林学士，把他调回汴京留在自己的身边随时资政。

熙宁元年（公元 1068 年）四月乙巳，王安石越次入对，

---

① （宋）欧阳修著：《欧阳修全集》卷 60《居士外集》卷 10《论辩九首·本论上》，李逸安点校，中华书局 2001 年版，第 863 页。

这是他第一次与宋神宗对面长谈治国之道。

宋神宗发问："朕久闻卿道术德义，有忠言嘉谋，当不惜告朕，方今治当何先？"

王安石对曰："以择术为始。"

又问："唐太宗何如主？"

对曰："陛下每事当以尧舜为法。唐太宗所知不远，所为不尽合法度，但乘隋极乱之后，子孙又皆昏恶，所以独见称于后世。道有升降，处今之世，恐须每事以尧舜为法。尧舜所为，至简而不烦，至要而不迂，至易而不难，但末世学士大夫不能通知圣人之道，故常以尧舜力高而不可及，不知圣人经世立法，常以中人为制也。"

宋神宗说："卿可谓责难于君矣。然朕自视眇然，恐无以副卿此意。卿可悉意辅朕，庶几同济此道。"[①]

此次召对后不久，王安石就根据宋神宗"祖宗守天下能百年无大变，粗致太平，以何道也"[②]的咨询奏进了《本朝百年无事劄子》。

《劄子》首先历述了宋朝从宋太祖到宋英宗时期的施政概况，而于宋仁宗一朝所述较详。对于前面诸帝的对辽政策、

---

① （清）黄以周等辑注：《续资治通鉴长编拾补》卷3上《神宗　熙宁元年》，顾吉辰点校，中华书局2004年版，第92—93页。

② （清）黄以周等辑注：《续资治通鉴长编拾补》卷3上《神宗　熙宁元年》，第93页。

兵政、刑法、对大臣贵戚和左右近习的政策、对中外官吏的升黜以及对谏官御史言论的公听，等等，都分别举述其利病。接着，又对宋帝国建国百年来在创立法度时所遵依的原则、所贯穿的精神——提出了自己的批评性意见。文中说：

> 然本朝累世因循末俗之弊，而无亲友群臣之议；人君朝夕与处，不过宦官女子，出而视事，又不过有司之细故，未尝如古大有为之君，与学士大夫讨论先王之法，以措之天下也。一切因任自然之理势，而精神之运有所不加，名实之间有所不察。君子非不见贵，然小人亦得厕其间；正论非不见容，然邪说亦有时而用。以诗赋记诵求天下之士，而无学校养成之法；以科名资历叙朝廷之位，而无官司课试之方。监司无检察之人，守将非选择之吏。转徒之亟既难于考绩，而游谈之众因得以乱真。交私养望者多得显官，独立营职者或见排沮。故上下偷惰取容而已。虽有能者在职，亦无以异于庸人。农民坏于徭役，而未尝特见救恤，又不为之设官以修其水土之利。兵士杂于疲老，而未尝申敕训练，又不为之择将而久其疆场之权。宿卫则聚卒伍无赖之人，而未有以变五代姑息羁縻之俗；宗室则无教训选举之实，而未有以合先王亲疏隆杀之宜。其于理财，大抵无法，故虽俭约而民不富，虽忧勤而国不强。赖非夷狄昌炽之时，又无尧、汤水旱之变，故天下无事，过于百年。虽曰人事，亦天助也。盖累圣相继，仰畏天，俯畏人，宽仁恭俭，忠恕诚悫，此其所以获天助也。

伏惟陛下，躬上圣之质，承无穷之绪，知天助之不可常恃，知人事之不可怠终，则大有为之时正在今日。[1]

《本朝百年无事劄子》对宋王朝建国百年来的政治、军事、税赋与理财、农业生产等情况，全都作了概括性的陈述，而贯穿于其中的一个批评性意见，就是无处不在的那种因循、疲沓、苟且度日的委靡气象。王安石告诉宋神宗，只是"赖非夷狄昌炽之时，又无尧汤水旱之变，故天下无事过于百年"。不然的话，早就发生问题了。王安石认为，当神宗即位伊始，正是亟须把这一弥漫全国的颓势加以振作的"大有为之时"，他鼓励宋神宗抓住这个宝贵的更新机会，更易创新，做一个大有为之君。

对于王安石奏进的《本朝百年无事劄子》，宋神宗阅览多遍、深有感触。到他第二次见到王安石时，便向他说道："治国之道，大概都包括在这道奏章之内了。你所指陈的那些弊政，大概你也都已想出改革的办法了吧，希望你也把具体的施设之方一一告我。"王安石回答说："当下是不可能一一说到了，愿陛下以讲学为事、讲学既明，则施设之方不言而自谕。"然而宋神宗还是要王安石稍加陈述。在王安石略陈施设之方以后，宋神宗非常高兴，向他说道："此皆朕所未尝闻。他人所学固不及此。能与朕一一为书条奏否？"

---

① （宋）王安石著:《临川先生文集》卷41《本朝百年无事劄子》，第802—803页。

及王安石又重复了他的"以讲学为事，则诸如此举皆不言而自谕"诸语时，宋神宗又说："卿今所言已多，朕恐有遗忘，试录今日所对以进。"王安石虽在退朝时满口应承下来，却一直没有把这次的对话写出来进呈。①

十月壬寅，宋神宗又留王安石坐谈，说："且欲得卿议论。"

宋神宗说："唐太宗必得魏郑公，刘备必得诸葛亮，诚不世出之人也。"

安石对曰："陛下诚能为尧舜，则必有咎、夔、稷、高；陛下诚能为高宗，则必有傅说。魏郑公、诸葛亮，皆有道者所羞，何足道哉！"②

可见，王安石不满意宋神宗做唐太宗、刘备之类的君王，希望他能以尧舜为榜样，而王安石自己则欲要辅助宋神宗做夔、稷等名臣那样的事业。志向与格局不可谓不大。

熙宁二年（公元1069年）春初，王安石又一次向宋神宗畅论天下大事，宋神宗说："此非卿不能为朕推行，朕须以政事烦卿。料卿学问如此，亦欲施设，必不固辞也。"

王安石对曰："臣所以来事陛下，固愿助陛下有所为。然天下风俗法度一切颓坏，在廷少善人君子，庸人则安常习故而无所知，奸人则恶直丑正而有所忌。有所忌者唱之于前，

---

① （清）黄以周等辑注：《续资治通鉴长编拾补》卷3上《神宗　熙宁元年》，第95页。

② （清）黄以周等辑注：《续资治通鉴长编拾补》卷3下《神宗　熙宁元年》，第134页。

而无所知者和之于后，虽有昭然独见，恐未及效功而为异论所胜。陛下诚欲用臣，恐不宜遽，谓宜先讲学，使于臣所学本末不疑，然后用之，庶几能粗有所成。"

宋神宗说："朕知卿久，非适今日也。人皆不能知卿，以为卿但知经术，不可以经世务。"

王安石对曰："经术者所以经世务也。果不足以经世务，则经术何所赖焉。"

宋神宗说："朕念慕卿道德甚至，有以助朕，勿惜言。不知卿所施设，以何为先？"

王安石对曰："变风俗，立法度，方今所急也。凡欲美风俗，在长君子、消小人。以礼义廉耻由君子出故也。《易》以《泰》者通而治也，《否》者闭而乱也。闭而乱者以小人道长；通而治者以小人道消。小人道消，则礼义廉耻之俗成，而中人以下变为君子者多矣；礼义廉耻之俗坏，则中人以下变为小人者亦多矣。"

对于王安石的回答，宋神宗深以为然。①

以上所引录的王安石在任翰林学士时，向宋神宗所说的治国安邦之道，全都为宋神宗所接受，特别是当宋神宗提出"朕须以政事烦卿"时，王安石立即表示："臣所以来事陛下，固愿助陛下有所为。"两人的心志与治国理政方案此时遂

---

① （清）黄以周等辑注：《续资治通鉴长编拾补》卷4《神宗　熙宁元年》，第153页。

得到了完全的契合。于是，在熙宁二年（公元1069年）二月庚子，宋神宗遂擢用王安石为右谏议大夫、参知政事，正式主持诸项变法事宜。

二、抑制兼并与"理财"

（一）抑制豪强兼并

宋王朝统治者把官僚豪绅地主阶层作为其政权的统治基础，在其建立之初所制定的种种政策法令中，就赋予这个阶层以种种特权，使其对土地可以肆行兼并，对赋税、徭役可以任意摊派、科敛，而他们自己应该向国家缴纳的赋税却可以在各种名义之下大部以至全部予以豁免。其所以这样做的理由，正如王铚《枢廷备检》中所说："不务科敛，不抑兼并，曰：'富室连我阡陌，为国守财尔。缓急盗贼窃发，边境扰动，兼并之财，乐于输纳，皆我之物。'所以税赋不增，元元无愁叹之声。"[1] 然而这样做的结果，大量的土地都被豪强地主所占有，社会上丧失土地、破产失业的民众日见其多，而宋帝国在赋税的征收和徭役的征发诸方面，也因此都受到极为严重的影响，成为政府"积贫"病象所产生的重要原因之一。

对于这种奉行已久的传统政策和这一传统政策所寓有的

---

[1] 王明清：《挥麈后录余话》卷1载王铚《枢廷备检》。

用意，究竟是要继续奉行贯彻下去呢，还是要加以调整和变革呢？这是牵涉到从中央到地方各级官僚地主利益集团内部之间财产和权力再分配的问题，也是以王安石为首的变法派和以司马光、韩琦、富弼等人为首的保守派进行斗争的一个重要焦点。保守派利用所有的习惯势力，顽固地、不顾一切地要把官绅豪强地主阶层的既得权势利益维护下去；而王安石却着眼于地主阶级的整个利益与前途，要"摧豪强""抑兼并"，制止土地兼并恶性发展，借以保证地主经济能获得一个比较稳定发展的局势。

抑制豪强兼并，是王安石新政的重要政策之一。

上任参知政事伊始，王安石就曾谈到："周置泉府之官，以榷制兼并，均济贫乏，变通天下之财"，为了理财，国家也应当"修泉府之法，以收利权"①。

在《兼并》诗中，王安石说：

> 三代子百姓，公私无异财。
>
> 人主擅操柄，如天持斗魁。
>
> 赋予皆自我，兼并乃奸回。
>
> 奸回法有诛，势亦无自来。
>
> 后世始倒持，黔首遂难裁。
>
> 秦王不知此，更筑怀清台。

---

① （明）陈邦瞻撰：《宋史纪事本末》卷37，《王安石变法》，中华书局2015年版，第327页。

礼义日已偷，圣经久埋埃。

法尚有存者，欲言时所咍。

俗吏不知方，掊克乃为材。

俗儒不知变，兼并可无摧。

利孔至百出，小人私阖开。

有司与之争，民愈可怜哉。①

　　熙宁五年（公元 1072 年）四月，王安石与宋神宗商讨制定"市易法"的过程中，力排众议，力争推动朝廷实施抑制豪强兼并的政策，即是一个典型例子。

　　先是，三司起请市易十三条，其一云"兼并之家，较固取利，有害新法，令市易务觉察申三司，按置以法"。御批："减去此条，余悉可之。"御史刘孝孙言："于此见陛下宽仁爱民之至。"因言宜约束市易务。王安石曰："孝孙称颂此事，以为圣政。臣愚窃谓此乃是圣政之阙。天付陛下九州四海，固将使陛下抑豪强、伸贫弱，使贫富均受其利，非当有所畏忌不敢也。较固法，是有律已来行用，今但申明所以为均，均无贫，盖孔子之言，于圣政有何害？陛下不欲行此，此兼并有以窥见陛下于权制豪强有所不敢，故内连近习，外惑言事官，使之腾口也。"上笑曰："已有律，自可施行，故不须立条。"安石曰："虽有律未尝行，又未尝委官司

①　（宋）王安石著：《临川先生文集》卷 4《兼并》，第 198 页。

振举，须先申明，使兼并知所避。"上曰："若但设法倾之，即兼并自不能为害。"安石曰："若不敢明立法令，但设法相倾，即是纸铺孙家所为。孙乃百姓，制百姓不得，止当如此，岂有天下主亦为孙家所为也?"上又言："新法行，故油贵。"安石曰："以理论之，必无此。当是市人未喻耳。"安石退，取市估及油店户私簿阅视。明日，亟白上曰："油未尝增价也。"又言："茶笼行人状称新法便民。牙人有诱人经三司陈述尝试官司如何者，不可不斥逐。茶笼行人乃晓此，朝廷岂不可喻此事?"陈瓘论曰：吕嘉问请于律外别立市易较固一条，神考圣训以为已有律，不须立条。其时刘孝孙称颂圣训，曰："此仁厚爱民之意也。"安石奏曰："孝孙之言非也，此事正是圣政之阙也。陛下不欲行此，此兼并所以窥见陛下于权制豪强有所不敢，故内连近习，外惑言事官，使之腾口也。"臣窃谓神考不欲于律外立较固之条，可谓仁厚爱民之意，刘孝孙将顺圣美不为过也。日录之内，但为显扬嘉问，故不以御批为是，不以孝孙为然。于是，造神考之言曰："若设法倾之，则兼并不能为害。"又撰对上之词曰："若不能明立法令，但设法相倾，即是纸铺孙家所为。纸铺孙家为是百姓，制百姓不得，故止如此，岂有为天下主乃止如纸铺孙家所为? 何以谓之人主!"呜呼，设法相倾之语，谓之不诬可乎? 纸铺孙家之语，谓之不诋可乎? 神考爱民守法而指为阙政，力主嘉问，遂至于侮薄君父，不亦悖乎?[①]

[①]　（宋）李焘撰：《续资治通鉴长编》卷232《神宗　熙宁五年》，第5640—5642页。

同年八月，当王安石与宋神宗商讨"免役法"的利害时，他说："兼并积蓄富厚，皆蚕食细民所得。"①

同年十一月，当宋神宗指出市易务卖果实有伤国体时，王安石说："至于为国之体，摧兼并，收其赢余，以兴功利，以救艰厄，乃先王政事，不名为好利也。"②

熙宁八年（公元 1075 年）间，在议论市易司事时，王安石又对宋神宗说："秦能兼六国，然不能制兼并，反为寡妇清筑台。盖自秦以来，未尝有摧制兼并之术，以至今日。臣以为，苟能摧制兼并，理财，则合与须与，不患无财。"③

综合王安石的上述种种言论来看，可知他所以要"摧制兼并"，主要有两个方面的用意：一是要对官绅豪强地主和豪商富贾们所享已久的特权给予一定程度的限制和裁减，使得基层民众免于经常受到兼并之害，随时因被蚕食鲸吞而破产流亡；二是断绝大地主和富贾豪商的兼并之路，把豪商富贾们所具有的操纵物价、垄断居奇等等权利一并收夺归中央政府所掌握。"摧制兼并"本是西汉政治家桑弘羊曾经实行过而且是收到良好效果的一些政策。这说明王安石摧制豪强兼并的主张及其所采取的措施，也都是在借鉴前人的施政经验的

---

① （宋）李焘撰：《续资治通鉴长编》卷 237《神宗　熙宁五年》，第 5777 页。
② （宋）李焘撰：《续资治通鉴长编》卷 240《神宗　熙宁五年》，第 5828 页。
③ （宋）李焘撰：《续资治通鉴长编》卷 262《神宗　熙宁八年》，第 6407 页。

基础上而取得的。[1]

（二）"理财"

王安石秉持"择术"与"理财"并重的政治原则。如果说，"摧制豪强兼并"在某种程度上算是为国家财政"节流"的话，那么"因天下之力以生天下之财"，则完全是他为解决财政困局而开辟的新的路径，正如他在《上仁宗皇帝言事书》中所说"因天下之力以生天下之财，取天下之财以供天下之费，自古治世未尝以不足为天下之公患也，患在治财无其道耳"[2]。王安石发展了他在鄞县时期就已经形成的"开源"主张，理财是"开源"最重要的手段，没有理财，就谈不上"开源"。他对宋神宗说，陛下如果真能理财，即便将天下所有的好东西都拿来享受也没有什么不可以的，"以天下自奉可也"。"因天下之力以生天下之财，取天下之财以供天下之费"思想的内在理路是设想自然界存在着无限的开发空间，通过开发土地及其他物产资源，增加劳动生产率，社会财富可以不断地被生产出来且不断地积累，在不存在天灾和战乱的情况下，社会生产力也是持续不断地增进的。这与司马光所持"天地所生，货财百物，止有此数，不在民间，则在公

---

[1] 参见邓广铭著：《北宋政治改革家王安石》，生活·读书·新知三联书店 2017 年版，第 75—78 页。

[2] （清）曾国藩纂，乔继堂编：《经史百家杂抄》（上），上海科学技术文献出版社 2020 年版，第 637 页。

家"①的观点截然相反。后者以为，社会财富总数是不会改变的，不会自行增长。不过，就理财而言，有两种动机和追求，一种理财是从发展农业、手工业、矿冶业生产和促进商品流通入手，通过改善各类民户的经济状况来增强其纳税能力，最后达到增加国家财政收入的目的，这叫"为民理财"；另一种理财是绕过纳税民户的经济状况这个媒介，直接通过损下益上的捷径来增加官府财富，这是"为国聚敛"。南宋叶适就意识到这一点，他认为理财与聚敛是绝对不同的，现今讲理财的人，实际上做的事是聚敛。熙宁元年（公元1068年）四月，王安石曾对宋神宗大谈"治道"，主张减轻赋税，减少徭役，国家政策和措施的立足点必须是有利于民众，一切都要以民众生活、生产安定和获得实际利益为检验政策效果的标准。此后他又多次申述自己的理财方针：善于理财的专家，能够做到百姓不加赋税而国家的财政用度丰饶。要用先王之政，来做兴利除弊的事情，这样就会与百姓形成一种相对宽松且可以长期维持赋税收入的关系。为国家理财，不能说是为了征利。如今国家许多大事都没有开展来做，就是因为国家财政收入不足，所以要以理财为方今的急务。国家的财政收入问题没有得到较好的解决，其他国计民生的建设就会受到影响。理财的思路要以农业生产为急，增进农业生产要以

---

① （宋）司马光著：《司马温公集编年笺注》卷39《八月十一日迩英对问河北灾变》，李之亮笺注，巴蜀书社2009年版，第547页。

除去农民的疾苦、抑制土地兼并、方便农事的开展为急。王安石理财的前提是"民不加赋"，原则是"以义理财"，在此基础上来增加国家财政收入，同时达到"百姓富安"和"国用饶足"双重目的。王安石所说的"以择术为先"，在理财上其本意不过是发展和增加农业、手工业、矿冶业等各种产业的生产，扩充社会财富的总量。与此同时必须抑制地方豪强势力对财富的侵夺，限制地方豪强势力的偷漏税款和各种徭役，取缔富商巨贾的"较固取利"，通过打击豪强势力的聚敛和非法牟利行为，重新调整社会财富在国家、农民和大地产拥有者、大资本商业资源拥有者之间的分配额。显然，这种理财的办法有利于国家、中小土地所有者，而不利于大土地所有权人和富商巨贾。黄仁宇认为："王安石能在今日引起中外学者的兴趣，端在他的经济思想和我们的眼光接近。他的所谓'新法'，不外将财政税收大规模的商业化。他与司马光争论时，提出'不加赋而国用足'的理论，其方针乃是先用官僚资本刺激商品的生产与流通。如果经济的额量扩大，则税率不变，国库的总收入仍可以增加。这也是刻下现代国家理财者所共信的原则，只是执行于十一世纪的北宋，则不合实际。"[①]这个观点是有一定道理的。

---

① 黄仁宇著:《赫逊河畔谈中国历史》，生活·读书·新知三联书店1992年版，第164—165页。

第七章　熙宁新政之主要内容

　　在宋神宗的支持下，王安石主持的变法运动历时十六年（公元1069年—公元1085年），但主要举办还是集中在熙宁年间的熙宁二年至熙宁九年（公元1069年—公元1076年）间。在此期间，王安石在财政、经济、军事、官制、选举、教育等诸多领域进行了广泛而深刻的变革。这些改革，在时间上有早有晚，不是齐头并进；在内容上有多有少，不是平均分配。总体而言，其着力最多处，还是在理财和整军，也就是通常所说的"富国"和"强兵"。农业经济关系的改革，是"富国"的重点之一，在这方面先后推行了青苗法、募役法、方田均税法、农田水利法等。改革商品货币关系，是"富国"的又一个重点，这方面先后推行了均输法、市易法、免行役法等。"强兵"在变法中的地位不亚于"富国"，为此先后在军事领域实行了将兵法、保甲法、保马法等。此外，熙宁新政也涉及到科举与教育领域的改革。熙宁新政举办的目的在于改变北宋中期以来国家积弱积贫、官场因循拖沓的现状，"抑兼并，振贫弱""兴田利，增利禄"等。它在抑制豪强兼并势力（大官僚、大地主、大商人和大高利贷者），稳定中间阶级（中下层地主阶级和富农），减少底层民众的负担，增加社会财富等方面都收到了一定的效果。通过新政，国家财政有所改善，西北边防有所好转，积贫积弱局势有所改观。

一、理财与兴农

这主要包括两大部分：

（一）调整国家、地主和农民关系的政策以及发展农业生产的措施，主要有青苗法、募役法、方田均税法和农田水利法等。

（1）青苗法。熙宁二年（公元 1069 年）九月，主持新政机构制置三司条例司颁布了青苗法。青苗法是对于旧的常平仓法进行改革的一种新法，所以也被称为"常平新法"，或仍称之为"常平法"。

北宋政权建立以后，袭隋唐旧制，陆续在诸路州县城内设置常平仓。其规定是：凡遇五谷丰收之年，为怕"谷贱伤农"，即由各州县政府酌量提高谷价，大量收籴；凡遇灾荒饥馑之年，为了照顾灾民，州县政府就再以比市价稍低的价格将仓中存粮大量粜卖。规定虽是如此，事情可并不认真这样办。有的地方官，"不为急务"①，把有限的籴本的大部分移作营私之用；有的地方官，则又"厌籴粜之烦"②，不肯顺应着年景的丰凶而进行籴粜；有的则又与豪商富贾或囤积居奇的大户人家互相勾结，借收籴和出粜的机会共同渔利。兵饷不足时，北宋政府就挪借各地常平仓的本钱以助军费。如此这般，设于州中的常平仓，粮食购买量不过数百千石，根本无力抵制富商大姓的贱价购买、投机倒把；而在青黄不接时，这点粮食又无力控制市场，仍被富商大姓任意哄抬市价。另外，由于州仓距所辖各县太远，远地农民购买不便。于是常平仓便成为少数富商大姓和胥吏乘间混水摸鱼、假公济私的一个场所，以至于常平仓不能发挥其本身应有的作用。种种情况表明，到北宋中叶，各地方的常平仓已经蓄藏几尽，有名无实，失去了它所本应当具有的调剂粮价和救济灾荒的作用。

宋仁宗时，陕西转运使李参在当地百姓缺少粮、钱时，让他们自己估计当年谷、麦产量，先向官府借钱，谷熟后还官，称"青苗钱"。实施几年后，军粮经常有余。于是，王安石、吕惠卿等新政主持者据此经验制定青苗法。规定以各路常平、广惠仓所积存的一千五百万贯石以上的钱谷为本，其存粮遇粮价贵，即较市价降低出售，遇价贱，即较市价增贵收购。其所积现钱，依陕西青苗钱法，每年分两期，即在需要

---

① 《范文正公集》奏议卷上，《奏乞两府兼判》。
② （宋）李焘撰：《续资治通鉴长编》卷384《哲宗　元祐元年》，第9350页。

播种和夏、秋未熟的正月和五月，按自愿原则，由农民向政府借贷钱物。借贷者每五户或十户结成一保，由第三等以上户充当"平头"，客户贷款，须与主户合保。在河北路，贷款的限额是客户与第五等户每户一贯五百文，第四等户三贯，第三等户六贯，第二等户十贯，第一等户十五贯。本县如有剩余，允许第三等以上户借贷。如还有剩余，借贷给有物业抵当的坊郭户。贷款以适中的粮价折算，收成后，随夏、秋两税，加息十分之二或十分之三归还谷物或现钱。凡灾伤达五分以上的地区，允许延期归还。先分派提举官到河北、京东、淮南三路试行，俟其就绪，再在各路推行。

实行青苗法的目的主要是"以农事为急"，使农民"去其疾苦，抑兼并，便趋农"。"盖人之困乏，常在新陈不接之际，兼并之家乘其急以邀倍息，而贷者常苦于不得。"① 因此，设青苗法"以广蓄积、平物价，使农人有以赴时趋事，而兼并不得乘其急。"② 这就是说，利用政府的力量给豪强高利贷以压制，使其不能在青黄不接之际兼并农民。通过青苗贷款，农民"非惟足以待凶荒之患"，而且"于田作之时，不患阙食，因可选官劝诱，令兴水土之利，则四方田事自加修益。"③

---

① 漆侠著：《漆侠全集》第 2 卷，河北大学出版社 2009 年版，第 238 页。
② （元）脱脱等撰：《宋史》，第 4280 页。
③ 刘成国著：《王安石年谱长编》卷 4《熙宁二年乙酉》，中华书局 2018 年版，第 934 页。

　　应该说，年息为百分之四十的青苗钱，绝不是什么"薄息"，但同豪强之家的百分之一百至百分之三百的高利贷比较起来，青苗钱就成了低利息的借贷了。青苗法在一定程度上限制了高利贷者的活动，有助于农民在播种与收获季节的关键时刻渡过难关，有利于农业生产的正常开展，朝廷也从中获得了大量的利息。

　　（2）募役法，又称免役法或雇役法，是针对劳役制度的变革。在中国古代，向国家负担赋税和劳役，是编户齐民的法定义务。宋朝的办法是，根据土地家产情况，将农户分为五等，除了缴纳赋税，还要轮流承担官府的各类劳役，是谓差役法。按照制度，在广大乡村只有三类人可以不负担差役，一是有官职的人家，即所谓"官户"；二是无土地，不缴纳赋税的人家，即所谓"客户"；三是家中缺乏劳力的无丁户、单丁户、女户以及僧道人家的"寺观户"等。差役自古以来就是农民的沉重负担，服役者不但耽误农时，影响生产，还要遭受贪官污吏的敲诈勒索。于是地主豪强千方百计逃避，或者降低户等，以避重就轻，或者改变成不必服役的身份，结果差役负担愈益落到贫苦农民头上。对于这个制度的改革，多少年来已成为社会的普遍要求。役法的改革自熙宁二年（公元1069年）开始讨论，由制定至推行，历时将近三年。至熙宁四年（公元1071年）正月，司农寺拟定的募役法（免役法）先在开封府界试行。同年十月，颁布全国实施。免役法规定，废除原来按户等轮流充当衙前役，州、县预计每年雇役所需经费，由民户按户等高下分摊。上三等户分等交纳役钱，随夏、秋两税交纳，称"免役钱"。原来不承担差役的官户、女户、僧道、未成丁户、坊郭户等，要按定额的半数交纳役钱，称"助役钱"。州县官府依当地吏役事务简繁，自定额数，供当地费用；定额之外另加十分之二缴纳，称"免役宽剩钱"，由各地存留，以备灾荒年份全部免征"役钱"时，即以此钱充用。募役法使原来轮流充役的农村居民回乡务农，原来享有免役特权的人户不得不交纳役钱，官府也因此增加了一宗收入。

（3）方田均税法。北宋政权的传统政策是纵容豪强兼并，允许他们兼并土地并享受着免税免役的特权。但豪强地主无止境地兼并土地，隐瞒田产和人口，这种情况，导致国家赋税收入大幅度地下降。乡村中、下户卖掉土地，却仍受担重税，也容易引发民间动荡。"田制不立，田亩转易、丁口隐漏、兼并伪冒者未尝考按，故赋入之利视古为薄。"[1]田产不均、赋税不实，已经成为北宋中期一个严重的社会问题。为解决此问题，熙宁五年（公元 1072 年）八月，司农寺制定《均税条约并式》颁行天下。方田均税法主要分作下述两个部分。

一是方田法。这是对田亩的清查丈量。将东西南北千步见方的地段，计四十一顷六十六亩一百六十步，作为丈量的单

---

[1]　（元）马端临撰：《文献通考》卷 4《田赋考四·历代田赋之制》，上海师范大学古籍研究所、华东师范大学古籍研究所点校，中华书局 2011 年版，第 97 页。

位，谓之一方。每年九月农忙之后，县令、县佐用这个清丈法丈量土地，并在方庄账籍（方田的土地册子）上注明田地的形状（陂原平泽之类）和色质（赤淤黑垆之类）。丈量完毕，根据土质而定其肥瘠，区分五等，由此均定税额高低。至明年三月完成后，"揭以示民"，并以一季（三个月）为期，使居民提出对清丈和税额的意见，然后付给备户户帖庄账，以为"地符"。

二是均税法。这是在土地清丈后对田税的重新均定。各县均以旧有的租税为定额，前此对零星税额如米不到十合就收一升、绢不满十分就收一寸等做法，在定税中不得使用以至超过旧额。凡越额增数都加禁止。至于丝绸之类的征收，只按田亩多少而不按桑柘有无来定。把这些条目预先告诉百姓，教百姓不要受谣言影响而斩伐桑柘。荒地归于耕作之家，不必追究其冒佃原因。瘠卤不毛之地，许可占有佃种。许可民户至山林樵采，樵采所得不充作家业之数。凡民户能够经营获利的山林陂塘以及道路沟河坟墓荒地，都不许征税。投靠豪强的、"诡名挟佃"的"子户"，都更正过来，使他们成为负担国家赋税的主户。

另外，在方田四角堆有土堆，种土树木，作为清丈的标记。立有方账、庄账（土地清册）和甲帖、户帖（户籍清册）。此后分家另住、买卖土地的，官府给以契，县内置簿登记，而都以方田为根据。

方田均税法先自京东路开始，其后又依次推广于河北、开封府、陕西、河东等路五个地区。至元丰八年（公元

1085 年）十月二十五日废止之时，在这五路之地共清丈了二百四十八万四千三百四十九顷田地，约占当时全国征税田亩的百分之五十四。元丰五年（公元 1072 年）登记的田亩为四百六十一万六千五百五十六顷。按五路地区占全国面积不过百分之二十，而清丈土地则占百分之五十四，这一事实清楚地表明了当时隐田漏税现象的严重。

（4）农田水利法。熙宁二年（公元 1069 年）十一月，由制置三司条例司颁布实施。这是王安石主张"治水土"以发展农业、增加社会财富的重要措施。其主要条目是：

第一，农田水利法奖励各地开垦荒田，兴修水利，建立堤防，修筑圩堾。如工程浩大、民力不足，可依青苗法，由官府贷款。如官钱不足，州县官劝谕富室出钱，依例计息，由官府置簿催还。无论官员和居民，只要熟谙农业耕作技术或水利修建工程，都可向各级官府陈述自己的意见，经各级官员商量，如确属有利，即由州县实施。其中较为巨大的工程，即奏明朝廷决定。等到实施完毕，按功利的大小，给予条陈意见的人以一定的奖励。兴利极大的，即量材录用。

第二，令各州县将所辖区域的荒田以及需要浚修或可兴建的水利工程，都作详细调查，绘制成图，同时说明进行修建的具体办法，呈报给上级官府。其中一州一县不能解决的各项问题，给予陈述己见，听候处理。

农田水利法推行七年后，据统计，全国共兴修水利工程一万零七百三十九处、水利田三十六万余顷，疏浚河汉、湖港之类不计其数，很多贫瘠的土壤变成了良田。王安石"欲富天下则之天地"的理财主张初步得到了实现。

（二）供应国家需要和限制商人的政策，主要是均输法、市易法和免行役法等。

（1）均输法。汴京自五代以来就是皇室、贵族、大小官员、富商大贾云集的场所。由于宋太祖、太宗实行强干弱枝的政策，汴京及京畿地区还集结了数十万的军队。因此，汴京就成为一个空前巨大的消费都市。为了供应汴京的消费，宋初即依靠汴水，将东南六路集中于长江下游的物资，由真、扬、楚、泗等州运输过来。建隆年间（公元960年—公元962年）。设置的发运司就是主持这项运输工作的专门机构。但是，发运使只是照章办事，完全按照每年的定额，丰年不敢多运，凶年不能少运，经常支出大笔运费，运来一些过剩物品，只得在京城半价抛售。各司往往隐瞒财富，不肯如实申报朝廷，反而以支移、折变等名目加倍收税。朝廷调用物资时，又多不管产地和时令，一味强征。这些做法给富商大贾囤积居奇、控制市场提供了方便，百姓则被加重赋税负担，朝廷仍然财用窘急。熙宁二年（公元1069年）七月十七日，三司条例司所发布的均输法，就是旨在纠正上述弊端，以适应国家需要的一项法令。

均输法的要点是以市场手段解决首都的物资供应。北宋定都开封，财赋粮食主要经过汴河自长江中下游的江淮荆浙地区运来，由发运司主管其事。长期以来，发运司和东南诸路转运司不了解京师的实际需求状况，全凭固定不变的定额组织上供物资的筹集和运输，供求严重脱节。均输法的改革原则是"徙贵就贱，用近易远"，即拨给发运司专项资金，使之根据市场形势的变化，尽量在物价低、距离近的地区采购京师所需物资。政府消费与市场机制相结合，既改善了京师的物资供应，又提高了财政资金的使用效率；同时可以从豪商富贾手里"稍收轻重敛散之权归之公上，而制其有无"；可以"便转输，省劳费"；可以"去重敛，宽农民"。他们认为这样就可最终实现"庶几国用可足，民财不匮"的目的。

（2）市易法。经过宋初百年来的发展，商人的经济力量有了很大的增长。一些大商人除去以雄厚的货币力量兼并大量土地之外，在城市中和各类交易当中，各项交易也大都被大商人把持。同时，他们同皇亲贵戚、达官权宦勾结起来，逃免官府宫廷的各项采购供应，把这些采购供应转嫁给中等以下的和无权势可凭借的商人，造成这类商人的重负。他们垄断了各项交易，极力压低商品价格来收买各种商品，然后再以极其高昂的价格，把他们垄断过来的商品售给同行的商人和一般消费者，转手之间便获得了高额的商业利润。这不仅造成外地商贩的赔本折业，而且还加深了城市居民生活需要中的各种困难。市易法和免行钱就是在这样的形势下，以打击"富商大室"的"出纳敛散之权"为目的提出的，具体落实措施的机构是市易司和市易务。

熙宁五年（公元1072年）三月，朝廷颁行实施市易法，在汴京设置市易务，以内藏库等钱一百八十七万贯作本，控制商业。市易务根据市场情况决定价格，收购滞销货物，待至市场上需要时出售；商贩向市易务贷款，以产业作抵押，五人以上互保，出年息二分，半年出息一分。商贩向市易务成批地赊购货物，也出年息二分。后来陆续在杭州、成都、广州、扬州、润州等几十个重要城市设立市易务，又将开封市易务升为都提举市易司，作为市易务的总机构。市易法在限制大商人垄断市场方面发挥了作用，也增加了朝廷的财政收入。

市易法的要点是强化政府对市场的干预，由政府规定物资价格以及对物价起落的操纵之权，通过官府经营商业，打击豪强兼并势力，增加政府的财政收入。政府在全国各大商业城镇设立市易务，收购商人滞销的商品，商贩可以财产抵押或互相担保，赊销市易务的物资，也可向市易务申请贷款，年付百分之二十的利息。过期不偿还者，加收百分之二的罚款。市易务还承包部分政府消费物资的供应业务，将之转包给招募来的商人。

（3）免行役法。一般称为"免行法"，实际是针对城镇商人实行的募役法。宋朝的城镇居民有特别的户籍，谓之"坊郭户"，类似今天的城镇户口。其中的工商业者，政府令之根据经营商品的不同，组成各种行会，如卖米的叫米行、卖肉的叫肉行之类。凡加入行会的商人，谓之"行户"，必须轮流向官府承担"行役"，主要有及时供应官府采购的商品、评估每旬的物价、帮助官府评定各种物资的价值及鉴定真伪等。

这些"行役"成了行户的沉重负担，特别是供纳官府采购的商品，经常遭遇拖欠货款、敲诈勒索。免行役法规定，各行根据获利多少，按月或按季缴纳免行钱，就可以不再承担行役，而由官府雇人代役。

二、将兵与保甲

"强兵"与"理财"的地位同等重要。为巩固地方统治秩序、加强军队建设，熙宁新政在此方面采取的措施主要有将兵法、保甲法、保马法以及建立军器监等。

宋王朝百年来的积贫积弱同募养百万以上的军队有着密切的关系，因而革除军队的种种弊端，便是这场变法"强军"运动的关键问题之一。

1. 整顿军队，提高军事战斗力。

冗兵的众多、缺乏战斗力的老弱兵士的存在、军营空额的严重，是宋代军队在其百年来演变过程中的三大积弊。熙宁二年（公元 1069 年）开始的并营，就是针对这三大积弊而提出的。其具体做法是：

第一，按照马军一营三百人、步军一营四百人的建制进行合并。在合并中，有的军营缩小了，如龙威军原有三十九指挥，合并后仅剩二十指挥。有的军营则被撤消建制，兵士合并到其他军营中去，如宣威军全部并入威猛军和广捷军，宣威军的建制被撤消。全国陆续合并的结果，陕西马步军自三百二十七营并为二百七十营，其他各地自五百四十五营并为三百五十五营。

第二，大力裁汰老弱兵士。按照原有规定，禁军至六十一岁始免为民，这已经加杂了很多的老兵，但政府为维持军额，并不按照规定执行，以致这类无战斗能力的老兵更多。熙宁四年（公元1071年）七月，朝廷下令，凡年四十五岁，体格强壮的才留充兵士，五十岁以上的都裁减为民。从此，大量老弱兵士被裁减。对于裁减下来的兵士，像汴京的禁军，则许其携带妻子迁至淮南一带为民，在生活上给以照顾。

第三，并营之后的禁军分为三等，上等月俸钱一千文，中等五百文以上，下等不过五百文。一切赏罚迁升事宜，均按等级办理。枢密院仍旧掌管禁军调度，并予每年秋季校试禁军武艺，艺优者给以奖赏。

熙宁四年（公元1071年）十二月，又开始裁并厢军。熙宁八年（公元1075年）间，并营告一段落。禁军并为五十六万八千六百八十八人，厢军并为八百四十指挥，计二十二万七千八百二十七人，全国军队总额为七十九万六千三百四十五人。与宋英宗治平年间（公元1064年—公元1067年）兵额相比，减少了三十六万多人，比宋仁宗庆历年间（公元1041年—公元1048年）则减少了四十五万多人。元丰年间（公元1078年—公元1085年），兵额虽有增加，亦仅八十多万。如果将裁减的兵额，按蔡襄所估计的每名厢军年支三十贯计算，那末，熙宁年间的军费支出，至少比治平年间减省八百一十万缗，而比庆历年间至少减省一千三百五十缗。这是王安石整理财政的重要措施之一。

2. 推行将兵法，改变兵不知将、将不知兵的局面。

作为"强兵"的重要措施，王安石在精简军队、裁汰老弱、合并军营的同时，实行"将兵法"。"将兵法"就是由北宋政府选用具有作战经验和能力的将官，专门负责对某一地区驻军的军事教练。

宋初以来所实行的更戍法，造成士兵过度忧劳和指挥权涣散无力，这是宋代军制中的严重弊端。宋神宗时期，实行将兵法首先是从缩小更戍法的范围开始。熙宁三年（公元1070年）十二月，朝廷下令。凡是差往他路的"畸零守把兵士"，统统"拨还本处"；原在开封府界的河北、京东、京西、淮南等路戍兵，各还本路；原在陕西路的京东、京西、河北、河东、开封府界的戍兵，亦各还本地等。熙宁七年（公元1074年）经枢密副使蔡挺建议，将兵法在全国范围内确定下来。

宋朝军队战斗力差的另一个原因是军队由文臣统领，而且兵将分离，兵不知将、将不知兵，"将兵法"正是为改变此种状况而设。自熙宁七年（公元1074年）开始，在北方各路陆续分设一百多将，每将置正将一人，挑选武艺较高、作战经验较多的武官充任，专掌训练。元丰四年（公元1081年），又在东南的淮东、淮西、浙西、浙东等设十三将。正将以下设副将、部将、队将等。"将兵法"把几个军营编在一起，设立指挥，作为管辖军务的军队编制单位，选拔有实战经验和才干的人才担任将领，使兵知其将、将练其兵，形成了将有专兵的新体制。同时调整军队布局，打破了原来的"内外相制""守内虚外"的布防格局，重点加强京畿和北方沿边地区的防御力量，这些都使宋军的战斗力明显提高。

3. 设置军器监，加强军器的制造与生产。

为了改善军器的制造，王安石之子王雱建议：仿照铸钱监的组织规模，集中几个州的军器制作作坊，成为一个大作坊；选用熟悉制作技术的工匠担任匠师；在京师设置一个总的管理机构，统辖诸地大作坊，根据它们的制作，"察其精窳之实而重为赏罚"。宋神宗采纳了这项建议，并于熙宁六年（公元1073年）六月设立了军器监。军器监设于汴京，其组织机构：设判军器监和同判军器监各一员，掌管本监政务，其下置有监丞、主簿和勾当公事等属员；出产各种军器制作材料的州，均设有都作院，分别制作各种武器；由京师军器监派员到各地都作院，提供制作的规格、标准，即所谓"法式"。按法式区分制作的优劣，分为三等，作为考核各路都作院官员政绩的依据；凡懂制作军器技术者，无论官吏或是其他身份的人，都可以到军器监提供建议，以备选择。军器监的设置，改善了以往武器制作的管理，使武器的制作有了显著的改进，数量亦较前大有增加。至熙宁八年（公元1075年）五月，军器监成立仅二年，可是两年当中的产品，有的增加数十倍，有的增加了一倍。经过十几年的努力，军器贮存了无数精坚的武器，所谓"戈矛弧矢甲胄刀剑之具，皆极完具；等数之积，殆不胜计。苟有灵旗之伐，可足数十年之用"[①]。军器监的设立，在为军队提供精良装备方面，显然产生了重要作用。

4. 推行保甲法。

王安石对宋初百年来的募兵制度采取批评的态度，他认为国家招募来的兵士，大抵都是所谓"无赖奸猾之人"[②]，这类雇佣兵不足以成为国家专政的基石；而且兵员扩大，养兵费用给国家财政带来严重困难，更成为国家的一大祸患。因此长时期以来，他主张恢复兵民合一的制度，认为"非什伍其民而用之，则不可以致治强"。王安石提醒宋神宗："欲公私财用不匮，为宗庙社稷久长计，募兵之法诚当变革。"[③]"保甲立，则亦所以使民不散，不散，则奸宄固宜少。"[④]显然，王安石推行保甲法的目的既是力图救"数百年募兵之弊"，使其逐步地过渡到兵农合一的制度；也是利用这种组织在广大乡村中加强统治力量，稳固地方统治秩序。

熙宁三年（公元1070年）十二月初九日，司农寺制定的《畿县保甲条制》颁行。按照《条制》中的规定，各地农村住

---

① 曾枣庄、刘琳主编：《全宋文》第73册卷1593吕陶五《奏乞罢军器冗作状》，第156页。

② （宋）王安石著：《熙宁奏对日录》熙宁二年闰十一月十九日，第12页。

③ （宋）王安石著：《熙宁奏对日录》熙宁四年三月九日，第34—35页。

④ （宋）李焘撰：《续资治通鉴长编》卷246《神宗 熙宁六年》，第5991页。

户，不论主户和客户，每十家（后改为五家）组成一保，五保为一大保，十大保为一都保。凡家有两丁以上的，出一人为保丁。选取主户中"物力最高"和"有材于心力"者充任保长、大保长和都、副保正。农闲时集合保丁，进行军训；夜间轮差巡查，维持治安。保甲条制出台后，只在开封府下辖的开封、祥符两县试行，后又推广至河东、河北、陕西等五路，熙宁六年（公元1073年）七月后才在全国普遍实行。此后，保甲制度也曾随政治局势的改变而有摇摆，切合区域社会的特点对制度的内容有所损益。但从功能上讲，保甲法控制民众、预防与镇压犯罪的精神实质是一以贯之的。熙宁八年（公元1075年）九月，保甲自司农寺改隶兵部，听从枢密院指挥，自此保甲便成为有节制的民兵了。至熙宁九年（公元1076年），经过广泛推行，全部保甲兵总额达到六百九十三万余人。保甲制虽然没有具备正规军的性能，但已经成为禁军的重要辅助力量，达到王安石提出的"与正兵相参"的地步。

5. 保马法的推行。

保甲法的建立和发展，给保马法的建立提供了条件。熙宁变法以前，军马除仰给于与周边少数民族的马市贸易外，便是依靠官府的牧监饲养。但监牧养马存在不少严重问题。一是监马少，占地多，花费太大。二是牧监所养马匹多不能用，每"驱至边境，未战而冻死者十八九"。熙宁五年（公元1072年）五月，宋神宗下诏：许可开封府界诸县保甲自愿投名养马；马由官府供给，年不过三千匹。翌年八月二十七日，曾布拟成保马法条例，自开封府界推行于京东、京西、河北、河东、陕西等五路。"养马法：凡五路义保愿养马者，户一匹，有物力养马二匹者听，以监牧见马给之，或官与其直使自市，毋或强与。府界毋过三千匹，五路毋过五千匹。马除袭逐盗贼外，不得乘越三百里。在府界者，岁免体量草二百五十束，先给以钱布；在五路者，岁免折变缘纳钱。三等已上，十户为一保；四等、五等，十户为一社，以待死病补偿者。保甲马斃，即马主独赏之；社户马斃，半使社人偿之。岁一阅其瘠肥，禁苛留者。凡十有四条，先自府界颁行焉。在五路者，委监司、经略司、州县更度之。"① 保马法的实施减省了官府的开支，所养马匹的死亡率，较官养亦大为降低。此外，对保甲的武艺训练，亦发生一些作用。

三、取士与兴教

推动政治事业和变法实践需要众多的创新加务实的人才，而人才则需要相应制度的支持以及相应的教育机构的培养。在这方面，王安石尤其重视和强调。王安石改革科举与扩建学校的主要目的就是为国家培养出经世致用的各方面的人才，尤其是新政亟须的能够理财富国与领军经武的谙熟"邦

---

① （宋）李焘撰：《续资治通鉴长编》卷246《神宗　熙宁六年》，第6001页。

家之大计""治人之要务""安边之计策"的人才。

宋初，太祖、太宗、真宗诸朝，在革除唐代科举制弊端的基础上，建立起一套相当完整、严密的科举制度，成为维护宋王朝统治的重要组成部分。宋初以来的科举制有贡举、武举、童子举、制举等。贡举又设进士、明经诸科（包括九经、五经、开元礼、三史、三传、三礼、学究、明法等科）。但是以诗赋声病取进士、记诵默写试明经的科举考试，在仁宗庆历年间（公元1041年—公元1048年）就受到以范仲淹为首的士大夫官僚集团的批评，认为"以词赋取进士，以墨义取诸科"的科举考试制度，不能选拔真正有才能的官员，因而提出"精贡举"。王安石在《言事书》以及《读进士试卷》《取材》《进说》等诗文中，亦曾屡次论及，甚至说真正有才干的人，在这种考试制下，"困于无补之学"，而被"绌死于草野"。因之，熙宁二年（公元1069年）三月王安石执政之后，就将怎样改变科举制度的弊端，提到议事日程上来。

熙宁四年（公元1071年）二月，王安石拟就了改革方案，其具体措施是：

1. 废除明经诸科。旧有进士科考试项目如词赋等亦加废止。

2. 参加进士科考试的，任选《诗》《书》《易》《周礼》《礼记》中的一种，谓之"本经"或称"大经"；并兼治《论语》《孟子》，谓之"兼经"。

3. 考试共有四场：第一场试"本经"；二场试"兼经"，外兼大义十道。这两场考试，只要通晓经文的主旨大义即可，不必局限于注疏的讲说。

4. 命明经诸科举人改应进士科，又另设新科明法。

按照王安石的改革思路，科举制的变更只是革除弊端、除旧布新的一个开端，要想培养、选拔对国家事务有用的人才，还在于学校教育的变更和发展。因此，在熙宁新政中，整顿学校与扩建学科也成为变法维新的最重要环节之一。

熙宁四年（公元 1071 年）十一月，王安石建议宋神宗，先在京东、京西、河东、河北、陕西五路地方设立学校，选置教官，采访有经术行谊者担任教授。后又在各路的州府设置学官专司其事，在开封府所设置的太学，扩大生员数额，增强师资实力，实行"三舍法"，所谓"三舍法"就是按照宋神宗、王安石的意见扩建全国最高、规模最大的学府——太学，以改变过去徒具空名的状况，增加学生名额达二千四百人，设八十斋，并重订太学条制，推行三舍法。

三舍法的主要内容是：

1. 太学生员系经州县考选而入太学。入太学后，每三十人为一"斋"，自己任意选择一门经书，跟随该经直讲学习。太学生分为三等。初入学的为外舍生，熙宁时（公元 1068 年—公元 1077 年）不限名额，元丰时（公元 1078 年—公元 1085 年）以二千人为限；外舍生一年可升为内舍生，名额为二百人（元丰时增为三百人）；内舍生再升为上舍生，名额仅百人。生员的食用都由官府供给。这就是所谓"太学三舍法"。

2. 生员的升等，都经过考试。外舍生每月考试一次，年终又一次总考，只要成绩合格，平时行为又不违背校规，治经亦合格，就可升入内舍；内舍生一年后，如考试成绩达到"优""平"二等，并参以日常的"行、艺"升入上舍；上舍生考试分上、中、下三等，名列上等的，即不再经过科举考试而直接授以官职。

在整顿太学的同时，对州县学亦作有整顿。熙宁四年（公元1071年），下令京东、京西、河东、河北、陕西五路置掌，征求各路"经术行谊"之士为教授，各州学给田十顷以为费用。熙宁八年（公元1075年），召各州学官至京师，举行考试，以试其能力。元丰元年（公元1078年），全国州府总共设有五十三所学官。州县之学有了显著的发展。

以上措施使太学和州县学在规模上有了不同程度的发展。就其教学内容而言，各学校都以精通经术为要旨。儒家五经——《诗》《书》《易》《周礼》《礼记》就是学生的教本。所谓精通经术，实质上就是从古代典籍中吸取经验，而为当时的统治者服务。五经典籍就成为统一思想即"一道德"的工具。为充分发挥古代典籍的这种功能和灌输变法思想，王安石将其中的《诗》《书》《周礼》加以诠释，谓之《三经新义》，其中《周礼》由王安石注释，《诗》《书》则由王雱和吕惠卿进行诠释，于熙宁八年（公元1075年）颁行于学校中，作为学生必读教材。这样，学校中立《三经新义》，实际上就是把贯穿着王安石的政治思想的典籍作为"一道德"的工具，这表明王安石时刻不忘利用学术为变法服务。

　　太学之外，为了适应新政的需要，培养专门人才，还创设有武学、律学、医学等专业学校。总之，太学等学校的扩大或建立，是为新政需要服务的。各类学校的扩大和建立及其内部分科，对宋代文化的发展也是必要的和有益的。宋代文化学术之所以超越前代，可以从多方面来解释，但熙宁年间（公元 1068 年—公元 1077 年）学校教育的改进与发展则不能不是其中重要的原因之一。①

第八章　朝廷政争与新政失败

　　北宋王朝两次大的改革运动庆历新政和王安石变法，都以失败而告终。这是为什么呢？要回答这个问题，可以列出许许多多的主客观因素，但其最根本原因却是在于北宋王朝的治国传统与君主政治的顽疾所致；最直接的原因则是由于北宋中期士大夫官僚集团的膨胀与冲突以及历史的惯性太大、太强等因素所致。庆历新政与王安石变法的相继失败，说明在当时并没有一个能够促成改革或者全面创新的生存与发展的环境土壤，是北宋皇帝与士大夫共治天下这一祖宗成法桎梏的结果。当初宋太祖赵匡胤通过陈桥兵变从孤儿寡母手中取得政权本身就没有合法性。为了巩固统治，为赵宋王朝政权寻找合理性依据，宋初统治者开启了"皇帝与士大夫共治天下"的政治模式。但随着士大夫阶层的崛起与不断膨胀，到北宋中期，皇权实际上已经大大削弱，士大夫集团不断企图用道统高于政统的理论来制约君权，来扩充自己的权力与政治影响，从而导致皇帝为了维护自己的统治，不得不将精力耗费在高层权力制衡与制约士大夫集团的权欲膨胀及其内部党争上面。王安石变法表面上是针对为解决北宋的"冗官""冗兵""冗费"三冗问题而发，实质上在王安石方面是为了变相扩大相权，实行宰相专政；在宋神宗方面则是为了通过新政来打击朝廷中用祖宗之法及道统来限制他权力的士大夫官僚集团，借机来扩展与加强皇帝集权。王安石变法本应该是一场旨在"富国强兵"，在政治、经济、社会等领域深化改革的治理路径，但因为各方目的不同，谁也不想放弃自己想要得到的利益，因此这场高调的改革运动没有能达到宋神宗削弱士大夫集团在国家政权中的影响力的愿望，士大夫集团在相互争斗中也元气大伤。以王安石变法为导火线所引发的激烈党争不仅没有起到更易救亡的政治作用，相反倒更加削弱了赵宋政权的统治力量。"新法"成了统治者巧取豪夺的新手段。王安石"改易更革"的政治主张是君主政治自我调节机制的具体体现。然而，君主政治之痼弊又决定了王安石政治调节的愿望难以实现。既然这场对祖宗成法伤筋动骨的手术已经开始，要想恢复原貌也已经失去了可能。改革引发混乱，混乱导致灭亡；不改革，因循守旧，可以暂时苟且，但拖沓不作为政治照样挽救不了北宋王朝的命运。此后，虽然新法尽废，但"祖宗之良法美意"，已经"变坏几近"，从此"邪佞日进，人心日离，祸乱日起"。五十年后，北宋政权终于在内部虚耗中被后金政权灭亡。北宋灭亡表面上是亡于后金政权的军事侵略，其内因实际上则是北宋中期以来士大夫集团企图控制朝政与削弱皇权的结果。王安石变法不过是打开这个"潘朵拉盒子"罢了。

一、宋神宗的分歧与新法的成败

与北宋王朝的其他宰辅不同，当王安石跻身于国家最高决策机构时，他已经积累了二十余年从地方到中央的工作阅历和行政经验，对于当时政治、军事、财政经济以及社会等领域所存在的弊端与主要问题，都已经有了比较充分的认识与相应解决的办法。为求把改革方案依次付诸实施，王安石也做了充分的精神准备。他用"天变不足畏"去破除人们对天人感应学说的迷信；用"祖宗不足法"去解除成规旧章对人们头脑的束缚；用"流俗之言不足恤"去排除来自社会上各种反对声音的干扰。然而，在十一世纪中期的中国，能否成功地推进和完成变法改革事业，其决定权并不在王安石有没有能力以及充足的准备去开创新的天地，而在于当时的北宋皇帝有没有决心支持他去完成这项困难重重、几乎无望的新政。

在当时历史条件下，王安石的政治地位和持有的权力完全是君主所赐予，他只不过是宋神宗临时找到的一个政治代言人而已。君主的态度直接关系着改革的成败，王安石一旦失去君主的支持，"改易更革"必然会前功尽弃。

不幸的是，宋神宗恰恰就是这样一个左右摇摆的皇帝。

宋神宗即位不久，就把王安石召入中央政府任翰林学士，在他听了王安石向他建言的有关"变风俗，立法度"以及应该做"尧舜"之主等主张后，无不击节赞赏。以此为根据，我们似乎可以说，王安石的有关革故鼎新的主张，应该是都得到了宋神宗的认可与首肯的。然而，真实的历史却是，在推行新法的进程中，宋神宗在"祖宗之法""天命之畏""流俗之言"等诸多政见观念方面，实际上却与王安石的政治诉求存在着很大的距离。

应该看到，宋神宗与王安石君主二人在许多重大政治认识上存在着很大的分歧与距离。或许，在一般性问题和战略构架层面上，宋神宗对王安石的"变风俗，立法度"的诸项建议是完全同意且十分赞赏的，但那仅仅是二人企图改变现状的一种默契。宋神宗对王安石的口头肯定很多都是在未经过逻辑思辨和具体问题具体分析情况下的一时情感反应，一旦到了具体落实的层面，宋神宗就不再那么激动与淡定了。举例而言，当王安石任翰林学士时，所奏呈的《本朝百年无事劄子》中说北宋建国以来的用人政策是"君子非不见贵，然小人亦得厕其间；正论非不见容，然邪说亦有时而用"[1]。对于这道奏劄，宋神宗曾亲向王安石说过："昨阅卿所奏书至数遍，可谓精尽，计治道无以出此。"[2]这表明他对奏劄中的意见，包括对使正论邪说互相搅扰的做法的批评，全都认可和同意，并要表示照办或照改。可事实却并非如此。在此后的新政实施过程中，一旦遇到"大小并疑""群疑方作"的反对改革的声音，

---

① 王安石著：《临川先生文集》卷 41《本朝百年无事劄子》，第 802 页。

② （清）黄以周等辑注：《续资治通鉴长编拾补》卷 3 上《神宗　熙宁元年》，第 95 页。

宋神宗便会犹豫不决、左右摇摆，这背后的原因值得玩味。

另举一例：作为王安石革新变法精神支柱的"三不足"原则，在王安石入参大政后不久，司马光、范镇、陈荐等人，便借考试馆职人员的机会，在试题中全部加以揭露，并用"愿闻所以辨之"作为试题的结语。当宋神宗看到这份试题之后，大为骇怪，说朝廷上绝对无人作此主张，并批示令别出试题。到他见到王安石时，又问王安石"闻有'三不足'之说否？"王安石虽答以"不闻"，但紧接着就对"天命不足惧""祖宗之法不足守"和"人言不足恤"的道理加以详细地阐明，认为这些观点都是正确的，并不是谬误和值得骇怪的。王安石说："陛下躬亲庶政，无流连之乐、荒亡之行，每事惟恐伤民，此亦是惧天变。陛下询纳人言，无小大，惟言之从，岂是不恤人言？然人言固有不足恤者，苟当于理义，则人言何足恤？故《传》称：礼义不愆，何恤于人言？郑庄公以人之多言亦足畏矣。故小不忍致大乱，乃诗人所刺，则以人言为不足恤，未过也。至于祖宗之法不足守，则固当如此。且仁宗在位四十年，凡数次修敕，若法一定，子孙当世世守之，则祖宗何故屡自变改？今议者以为祖宗之法皆可守，然祖宗用人皆不以次。今陛下试如此，则彼异论者必更纷纷。"[1]

特别是，君臣二人在"天变不足惧"上的分歧，直接导

---

① （清）黄以周等辑注：《续资治通鉴长编拾补》卷7《神宗　熙宁三年》，第95页。

致了王安石的第一次罢相。

在"天变不足惧"观点上，宋神宗与王安石一直存在着分歧。据宋人李焘在《续资治通鉴长编》卷 251 中记载，从熙宁六年（公元 1073 年）冬到七年春，久旱不雨。在熙宁七年（公元 1074 年）的三月中下旬内，当翰林学士韩维在延和殿朝见时，宋神宗询问："久不雨，朕夙夜焦劳，奈何？"韩维说："陛下忧悯旱灾，损膳避殿，此乃举行故事，恐不足以应天变。《书》曰'惟先格王，正厥事'。愿陛下痛自责己，下诏广求直言，以开壅蔽；大发恩命，有所蠲放，以和人情。"后数日，又言："近日畿内诸县，督索青苗钱甚急，往往鞭挞取足，至伐桑为薪以易钱货。旱灾之际，重罹此苦。夫动甲兵，危士民，匮财用于荒夷之地，朝廷处之不疑，行之甚锐，至于蠲除租税，宽裕逋负，以救愁苦之良民，则迟迟而不肯发。望陛下自奋英断行之。"此后，他又一次请求面对，首先说仅仅"举行故事，不足以应天变（指久旱言）"；其次又说青苗之法害民，应予罢除；其三则说不应该把财货浪费在招讨西蕃的军事上。针对这些问题，他力劝宋神宗下诏责己，广求直言。经韩维这样再三陈请，宋神宗就指令他起草罪己诏，并于七年三月二十八日发布。诏书中宋神宗承认自己"涉道日浅，晻于致治，政失厥中，以干阴阳之和"，这等于直接否定了王安石所标举的"天变不足畏""人言不足恤"的观点。因此，数日后，当王安石用"水旱常数，尧汤所不免。陛下即位以来，累年丰稔，今旱暵虽逢，但当益修人事，以应天灾，不足贻圣虑耳"之言劝说宋神宗时，宋神宗却不客气地回答他说：
"此（按指久旱）岂细故！朕今所以恐惧如此者，正为人事
有所未修也（指新法多有不合天意）！"从这番对话的语气和
态度，我们可以体会出宋神宗对王安石执政的不满与发泄。
王安石本就是个难进易退之人，在这种情况下，他只有恳求
宋神宗解除他的宰相职务并在在熙宁七年（公元 1074 年）四
月中旬改派做江宁府的知府。这是王安石的第一次罢相。

　　此后，虽然在熙宁八年（公元 1075 年）二月，宋神宗又
恢复了王安石的宰相职务，把他调回汴京，但君臣二人既然政
见分歧暴露，心理隔膜已生，就不可能再回到从前那种"得
君之初，与人主若朋友，一言不合己志，必面折之，反覆诘
难，使人主伏弱乃已"①的同心同志境况了。何况此时此际宋
神宗登极已及九年，他所经常考虑的，是如何能巩固皇权，
把军国大计的决策之权日益集中在他的手中，而不致发生大
权旁落之弊。他既然想"政由己出"，当然就不愿再尽量吸纳
王安石的各种建议了。所以到四月之初，二人再次在论及民
兵与募兵的利弊时，宋神宗便直接否定了王安石想要通过保
甲法的施行而恢复民兵制度的方案。

　　王安石在当初得君之初，就力劝宋神宗做一个像尧舜那
样的有作为的君主，因为只有宋神宗肯奋发有为，王安石才

---

　　① （宋）赵善璙撰：《自警编》卷 8《救弊》，程郁整理，大象出版社 2019 年
版，第 294 页。

能在他的支持庇护之下展布其变法改制的各种方案和措施。所以，到他返汴京重登相位之时，虽然仍极力表示要辅佐宋神宗完成其盛德大业，但在连遭挫折后，他也已暮气顿生，看到变法的末路。此时的王安石进退维谷，已经别无选择。虽然王安石想把宋神宗与他本人在变法改制、治国安邦的思想认识上的差距尽量拉近，力争再取得宋神宗的支持，把自己在政治上和军事上的战略设想都尽可能多地实现一些，但当他认识到宋神宗的思想见解与他本人相去日远时，知道委曲求全已经无济于事，他的新政事业没有挽救的余地了。于是他第二次毅然决绝地辞职。熙宁九年（公元1076年），王安石第二次罢相。这是一位政治改革家、一位具有远大宏伟的政治军事战略家的悲剧结局。

　　熙宁变法的失败，有着很多主客观的因素，但宋神宗态度的不坚决却是其没有达到预期效果的主要因素。总的看来，王安石依靠宋神宗为推行变法改制的总后台，而宋神宗对此事的态度却始终是不够坚决的。

　　这也难怪，宋神宗作为一国之主，必须顾虑到各方面的反应，其重点是在维权行权；王安石临时由君主授命为相，其重点就是将变法的事情做成做好。王安石将事情做地漂亮，各方认同，宋神宗自然会放手支持；反之，如果对于所办的事情，事先对困难考虑不足，开始实施后设计方面又出现问题时，王安石则不需要承担责任，所有的压力都要由宋神宗承担。对于王安石变法，宋神宗在客观上也无法做到不顾一切地支持。

　　中国早期历史上最彻底的变法是商鞅变法，其成功的主要原因是因为秦孝公始终如一地信任与全力支持商鞅变法，用其一生为商鞅变法全力保驾护航。当商鞅劝说秦孝公变法时，他向秦孝公说道："疑行无名，疑事无功。"①要他坚定不移地把变法事业进行下去，秦孝公也确实这样履行了他做君主的责任。但王安石就没有这么幸运了。王安石在与宋神宗商讨变法革新的过程中，也多次劝说宋神宗要把变法事业坚定不移地进行下去，而不要被保守派的纷纭议论所动摇。他甚至直接告诉宋神宗不能"执狐疑之心者，来谗贼之口；持不断之虑者，开群枉之门"。②又向宋神宗说："以臣所见，似小人未肯革面。臣愚以谓陛下诚能洞见群臣情伪，操利害以驭之，则人孰敢为邪？但朝廷之人莫敢为邪，即风俗立变，何忧纪纲不立？如唐太宗时，裴矩尚肯为正谏，况其素不为邪者乎？"③但是，宋神宗却没有能像秦孝公对待改革事业那样坚定而执著。他深谙宋真宗所言"且要异论相搅，即各不敢为非"的平衡朝廷高层权利的驾驭之法，不但一遇风浪就要摇摆，而且还有意地把保守派人物留在政府当中，使其构成对维新派的一股牵制力量，而这正是王安石所最为担心的

---

　　① （汉）司马迁撰，（南朝宋）裴骃集解，（唐）司马贞索隐，（唐）张守节正义：《史记》卷68《商君列传》第8，中华书局编辑部点校，中华书局1982年版，第2229页。

　　② （宋）李焘撰：《续资治通鉴长编》卷268《神宗　熙宁八年》，第6574页。

　　③ （宋）李焘撰：《续资治通鉴长编》卷223《神宗　熙宁四年》，第5436页。

"若朝廷人人异论相搅，即治道何由成？臣愚以为，朝廷任事之臣，非同心同德，协于克一，即天下事无可为者"①的地方。北宋王朝自其建立以来，就极注意于"防微杜渐"。唯恐大权旁落在宰辅大臣当中的某一人或某一派系手中，总是同时并用一些政见不同的人，而且加重谏官御史们的劾奏之权，使朝中大臣彼此互相牵制。宋神宗虽然重用王安石变法，欲有所作为，但变法毕竟只是他实施统治巩固皇权的一部分，而不是全部，因而无法脱俗而打破这项祖宗的成法。

从宋神宗在用人方面的一些实际行动来看，他虽然支持变法派，但对于一贯反对变法的司马光，按宋神宗的本意，也是要提升他为枢密副使而把他留在中央政府中的；司马光后来之所以离开朝廷，是因他本人与王安石势不两立之故，而不是宋神宗主动调出的。再如文彦博，也是一个与变法派为敌的人，却一直稳坐在枢密使的位置上，到熙宁六年（公元 1073 年）夏才因"力引去"而"出判河阳"。再如富弼的女婿冯京，当王安石变法之始，他做御史，就上书劾奏王安石"更张失当，累数千百言"，被王安石"指为邪说，请黜之"，宋神宗却"以为可用"，把他提升为枢密副使②，后来又提升他为参知政事③。从此，士大夫不满意王安石变法者，

①　（宋）李焘撰：《续资治通鉴长编》卷 213《神宗　熙宁三年》，第 5169 页。

②　（元）脱脱等撰：《宋史》卷 317 列传 77《冯京》，第 10339 页。

③　（宋）李焘撰：《续资治通鉴长编》卷 252《神宗　熙宁七年》，第 6155 页。

皆以京为归，他因此成了反对新法阵营中的一个核心人物。

种种事例表明，宋神宗重视变法新政，但同时也注意操纵朝廷中的权力均衡；他既支持王安石的变法，也有意要用保守派势力来牵制与制衡维新派，不肯让任何一方力量一枝独大。情势如此，王安石变法的前景黯淡自然也就可想而知了。

二、朝臣政治分野与不断的政争

宋代立国以来，君权与相权之间业已形成相对完善的制衡格局。在熙宁新法的历史变局中，在"得君行道"的理想追求下，由宋神宗临时授予并由王安石实际运作的"非常相权"，是导致这一制衡格局开始欹侧的第一推力，而制置三司条例司这类制度外的组织则成为"非常相权"的重要抓手。制置三司条例司这类政策设计与权力运行机构是王安石履行"非常相权"的工具。正是这种"非常相权"以及因政而设的"制置三司条例司"，因为破坏祖宗规矩与权力制衡格局而引发了朝臣的党争，这种双方斗争以变法与反对变法两派对立阵营的面目而呈现出来。

熙宁变法之初，王安石不过是五位宰执大臣中的一员，五位大臣，时人各有一字评议，合起来便是"生老病死苦"。"熙宁中，初，富（弼）丞相苦足疾，多不入；曾（公亮）丞相将及引年；时王（安石）介甫、赵（抃）阅道、唐（介）子方为参政。介甫日进说以更庶政；阅道颇难之而不能夺，但退坐阁中弹指言苦；唐子方屡争于上前，既而唐发疽而死。京师人言中书有生、老、病、死、苦之说。谓介甫生，曾公老，富公病，阅道苦，子方死也"[1]。"生"指王安石，锐意进取；"老"指右相曾公亮，因年老而首鼠两端；"病"指左相富弼，因不满新法而称病不出；"死"指参知政事唐介，他与王安石争执不休，疽发身亡；"苦"指参知政事赵抃，每次新法出炉，因无力阻止而叫苦连天。如前所述，理财与明法度是王安石新政的两个切入点。变法伊始，政事堂内部就不合作，但这并没有影响到新法的推进，这是因为王安石得到了宋神宗的全力配合。这一事例足以说明，王安石变法从一开始就不断受到反对派的掣肘与反对，新法每推进一步都是困难重重，让人疑虑徘徊。

王安石读书，涵盖百家，不重记诵，但重经术，法先王之政，灵活运作，取其意施于今，而非泥于古。他要宋神宗在求治之初，先受学，知其源流，明其脉络，洞晓其理，窥其本末，融会贯通，俟无疑虑，信心坚定，再予屡行。一旦执行，便须勇往直前，百折不回，庶几可望粗成。否则，徒枉费精神，虚耗时间，事无成，国受损。宋神宗时方二十二岁，有心大展宏图之际，只憧憬未来美景，毫未虑到日后压

---

① （宋）彭乘辑撰，孔凡礼点校：《续墨客挥犀》卷四《中书有生老病死苦之说》，中华书局2002年版，第450页。

力，也未料到天时不助，人事不和，纠纷百出。由于王安石的激进思想与做法，突破旧习，无视流俗，更张祖法，大事改革，又擢拔少年，推行新政，雷厉风行，遂使一般稳健保守人士，惊惶失措，难以适应，终于引起一些老臣的反弹，如文彦博、韩琦、富弼、欧阳修等皆不满与排斥新法；年轻一辈，如苏轼、苏辙兄弟等也对新法进行攻讦。这与熙宁二年（公元 1069 年）二月，王安石初入中书，拜参知政事，大家有若大旱之望云霓，寄以殷切厚望，期其能富国强兵导国家于太平富盛之境，不料却大相径庭，终使王安石及其新法成为众矢之的。这项变化，完全出乎宋神宗的意料，治国路线的变更调整非但没有让宋神宗看到希望，反而让他在纷纷扰扰的党争、政争与不安中过早地耗尽了心血而不幸英年早逝。

新政开始后，且不谈言官上书攻击新法，单说勋旧老臣，如以使相判亳州（领七县，距东京四百八十六里）的富弼，守司徒兼侍中判大名府（领十七县，距东京四百里）的韩琦，以观文殿学士、兵部尚书知青州（领六县，距东京一千一百三十里）的欧阳修，以端明殿学士兼翰林侍读学士、集贤殿修撰知永兴军（领十三县，距东京一千二百七十里）的司马光，光后又改判西京（领十八县，距东京四百二十里）留守司御史台，莫不在所领属县沮滞新法推行，或消极抗拒，且多在近畿之区亦不稍避。后虽有象征性之惩调，如富弼改判汝州（领六县，距东京四百里），欧阳修改判太原府（领九县，距东京一千二百里），只是易地而治，抗改如旧。在朝中，则有枢密使文彦博，身为三朝（仁、英、神）元老，坐镇中枢。早在二十年前，宋仁宗庆历八年（公元 1048 年）王安石知鄞县时，文彦博即已位列宰臣，次年元祐元年（公元 1049 年）更进为上相（加吏部侍郎、昭文馆大学士，监修国史），其后因事浮沉，于宋英宗治平二年（公元 1065 年）复任枢密使至今，专掌军政，于政事亦有举足轻重之势，且非议新法。宋神宗对之，亦唯有优容。王安石此际虽已晋位首相，口舌之争，或占上风，要统一政见，则绝难办到，于此已可见推行新法之艰阻。

在这场旷日持久长达十余年的政见纷争中，变法派以王安石为核心，反对派以司马光为核心，二人在政见分歧及变法与反变法的斗争中各自高举自己阵营的旗帜，典型地代表了双方阵营的不同立场。

在众多反对新法人士之中，司马光可谓反对派的领军人物。

熙宁二年（公元 1069 年）五月，即王安石入主中书省任参知政事三个月，司马光即应诏议学校贡举，针对王安石新法，提出议贡举状。六月，上奏论风俗札子，痛斥喜诵老庄之言者；八月，上奏体要书，略谓"自（陛下）践祚以来，孜孜求治，于今三年（指治平四年至熙宁二年公元，1067 年—公元 1069 年），而功业未著者，殆未得体要故也"。并指责王安石别置三司条例司为不当，又于禁中出手诏指挥外事，恐未必一一出之圣意。熙宁三年（公元 1070 年）二月，河北安抚使、判大名府韩琦上疏，极言青苗法之种种弊端，并乞尽罢诸路提举官，只委提点刑狱官依常平旧法施行。宋神宗有些动摇。翌日，王安石乃称疾家居。在这种情况下，翰林学士司马光代宋神宗批答道："今士大夫沸腾，黎民骚动，乃欲委还事任，退取便安。卿之私谋，固为无憾。朕之所望，将以委谁？"王安石看到批答大怒，立即上书抗辩。宋神宗接到王安石的上疏，也自惭惶不安，急封还王安石手札，并谕他曰："诏中二语，乃为文督迫之过，而朕失于详阅，今览之甚愧。"①次日，王安石入见，固辞，宋神宗固留之，又奖谕良久。王安石退，复具奏乞罢。上《答手诏封还乞罢政事表劄子》：

> 臣今日具表乞罢政事，方屏营俟命，而吕惠卿至臣第，传圣旨趣臣视事。续又奉手诏，还臣所奏，喻以"天下之事，尽力固可成就，以卿所学，不宜中辍"。俛听伏读，不胜蝼蚁区区感慨恻怛之至！臣蒙拔擢，备数大臣，陛下所以视遇，不为不厚矣，岂敢轻为去就？诚以陛下初访臣以事，臣即以"变风俗，立法度"为先。今待罪期年，而法度未能一有所立，风俗未能一有所变，朝廷内外诐行邪说乃更多于乡时，此臣不能启迪圣心以信所言之明效也。虽无疾痰，尚当自劾，以避贤路，况又昏眩，难以看读文字，即于职事

---

① （清）黄以周等辑注:《续资治通鉴长编拾补》卷7《神宗　熙宁三年》，第305页。

当有废失。虽贪陛下仁圣卓然之资，冀凭日月末光，粗有所成，而自计如此，岂容偷假名位，坐弃时日，以负所学，上孤陛下责任之意。伏望陛下哀怜矜察，许臣所乞，毋令臣得要君之嫌，重为流俗小人所毁，臣不胜祈天俟圣激切之至！取进止。①

变法才刚刚开始，千端万绪，还要依赖王安石的主持。宋神宗虽然对王安石有不满意的地方，但绝不肯此时将他罢相，遂下手诏百般抚慰。王安石也再上《谢手诏慰抚劄子》说："陛下不以臣狂戆，赐之罪戾，而屈至尊之意，反复诲喻，臣岂敢尚有固志，以烦督责？只候开假，即入谢。"②至此，这场辞职风波才算告一段落。

为了安抚王安石，事隔八九天后，宋神宗下诏翰林学士兼侍讲学士、右谏议大夫、史馆修撰司马光擢为枢密副使。司马光坚辞不就，连上四次辞札。在第三、四札子之间，又上札子乞罢制置三司条例司，及诸路提举勾当常平广惠仓使者。司马光明白，此次调职，都是他那批答惹的祸，明是擢升，暗则令他脱离言职之事，所以他一面坚辞不就枢密副使，一面继续上书弹劾王安石。他在《奏弹王安石表》中指责王安石"首倡邪术，欲生乱阶，违法易常，轻革朝典，学非言

---

① （宋）王安石著：《临川先生文集》卷44《答手诏封还乞罢政事表劄子》，第831—832页。
② （宋）王安石著：《临川先生文集》卷44《谢手诏慰抚劄子》，第831页。

伪，王制所诛，非曰良臣。是为民贼，而又牵合衰世，文饰
奸言，徒有啬夫之辨谈，拒塞争臣之正论，加以朋党鳞集，
亲旧星攒，式备近畿，或居重任，窥伺神器，专制福威，人
心动摇，天下惊骇"；同时提醒宋神宗"苟陛下不遏其端，
则安石为祸不小，夫《书》《易》之戒正急于斯。且陛下以安
石有师保之尊，故旧之恩，俾为相臣，使预政事。昔汉尊桓
荣，徒闻设几；燕贵邹衍，惟见筑宫。岂有俾居显重而妄使
改为？若不正其罪恶，亦难以顺乎众意"。①

然弹劾王安石的表章上了五六日，依旧音讯全无，司马光
知在宋神宗处撼不动王安石，遂决心直接诉诸王安石，动以情
理，希望能够劝罢新法，于是，他连给王安石写了三封书信。

熙宁三年（公元 1070 年）二月二十七日，司马光上《与
王介甫第一书》。

在这封信中，司马光认为王安石施政有四不当：第一，
不该立制置三司条例司，以"讲利"为美谈。"自古圣贤所以
治国者，不过使百官各称其职，委任而责成功也；其所以养
民者，不过轻租税、薄赋敛，已逋责也。介甫以为此皆腐儒
之常谈，不足为思得古人所未尝为者而为之，于是财利不以
委三司而自治之，更立制置三司条例司，聚文章之士，及晓
财利之人，使之讲利。"第二，不该"置提举常平、广惠仓使

---

① （宋）司马光著：《司马温公集编年笺注》附录卷 2《奏弹王安石表》，第 92 页。

者四十余人，使行新法于四方，先散青苗钱，次欲使比户出助役钱，次又欲更搜求农田水利而行之，所遣者虽皆选择才俊，然其中亦有轻佻狂躁之人，陵轹州县、骚扰百姓者，于是士大夫不服，农商丧业，谤议沸腾，怨嗟盈路。"第三，不该"自以为我之所见，天下莫能及，人之议论与我合则喜之，与我不合则恶之。如此方正之士何由进？谄、谀之士何由远？方正日疏，谄谀日亲，而望万事之得其宜，令名之施四远，难矣"。第四，不该违背老子的"我无为而民自化，我好静而民自正，我无事而民自富，我无欲而民自朴"，以及"治大国若烹小鲜"等治理原则，批评王安石"为政尽变更祖宗旧法，先者后之，上者下之，右者左之，成者毁之。矻矻焉穷日力，继之以夜而不得息。使上自朝廷，下及田野，内起京师，外周四海，士吏兵农工商僧道无一人得袭故而守常者，纷纷扰扰，莫安其居。此岂老氏之志乎"？①

司马光这封书信，情意恳切，曲为譬解，希能化解二人以前的怨气，劝王安石放弃新法成见，无奈二人政见相左，有若冰炭不能相并，义利观念，一如水火之相克，言虽谆谆，但不能动摇王安石之心，没有撼动王安石之志。王安石也没有给司马光回信。

接着，熙宁三年（公元1070年）三月，司马光又连续上

---

① （宋）司马光著：《司马温公集编年笺注》卷60《与王介甫书》，第551—556页。

《与王介甫第二书》《与王介甫第三书》，书信中的内容与第
一封基本相同，皆是批评王安石"尽弃天下人之言，而独行己
志也"。司马光对王安石的政治主张，所谓变风俗、立法度、
行新法，始终不以为然。对先王之政，两人所见亦各有不同，
终至决裂。亦因两人个性同样强直，以至排抵至死。此时宋
神宗已下诏收还司马光枢密副使告敕，仍旧职为翰林学士、
兼侍讲学士、右谏议大夫、史馆修撰。在这种情况下，王安
石写了《答司马谏议书》，以作为对司马光前三封信的回答：

> 某启：昨日蒙教，窃以为与君实游处相好之日久，而议
> 事每不合，所操之术多异故也。虽欲强聒，终必不蒙见察，
> 故略上报，不复一一自辨。重念蒙君实视遇厚，于反复不宜
> 鲁莽，故今具道所以，冀君实或见恕也。
>
> 盖儒者所争，尤在于名实。名实已明，而天下之理得
> 矣。君实所以见教者，以为侵官、生事、征利、拒谏，以致
> 天下怨谤也。某则以谓受命于人主，议法度而修之于朝廷，
> 以授之于有司，不为侵官，举先王之政，以兴利除弊，不
> 为生事，为天下理财，不为征利，辟邪说，难壬人，不为拒
> 谏，至于怨诽之多，则固前知其如此也。
>
> 人习于苟且非一日，士大夫多以不恤国事，同俗自媚于
> 众为善；上乃欲变此，而某不量敌之众寡，欲出力助上以抗
> 之，则众何为而不汹汹然？盘庚之迁，胥怨者民也。非特朝
> 廷士大夫而已。盘庚不为怨者，故改其度，度义而后动，是
> 而不见可悔故也。如君实责我以在位久，未能助上大有为，

以膏泽斯民，则某知罪矣；如曰今日当一切不事事，守前所为而已，则非某之所敢知。无由会晤，不任区区向往之至！①

自此以后，两人形同陌路，各行其是，在政争的道路上越走越远。

司马光在朝日久，自觉进言多不采纳，甚感灰心。以眼不见为净，只求离开汴京外任地方。熙宁三年（公元1070年）八月乙丑，司马光对垂拱殿，乞外放出知许州，或西京（洛阳）留司御史台、国子监。神宗问："何故？"光曰："臣必不敢留。"神宗曰："王安石素与卿善，何自疑？"光曰："臣素与安石善，但自其执政，违连甚多。今连安石者如苏轼辈，皆丧其素履，中以危法。臣不敢避削黜，但欲苟全素履。"神宗道："青苗现已有显效。"光曰："兹事天下知其非，独安石党以为是尔。"②

过了六七天。王安石独对时，宋神宗对王安石说："司马光甚怨卿。"王安石问："何故？"神宗曰："光前日上殿乞出，言谢景温言苏轼，必及举主，若朝廷责范镇，臣亦住不得；苏轼刚正，谢景温全是卿羽翼。"③宋神宗此时虽然信任王安石，但不免有借司马光的弹劾劝诫王安石之意。

---

① （宋）王安石著《临川先生文集》卷70《答司马谏议书》，第1305—1306页。
② （宋）李焘撰：《续资治通鉴长编》卷214《神宗　熙宁三年》，第5202页。
③ （宋）李焘撰：《续资治通鉴长编》卷214《神宗　熙宁三年》，第5207页。

　　熙宁三年（公元 1070 年）九月，司马光终以端明殿学士兼翰林侍读学士、集贤殿修撰出知永兴军（路）。治所在京兆府（今陕西省长安县），领一路十州兵民大柄。朝辞之日，宋神宗让司马光谈谈他对所出任本路民间利病的看法。司马光说："谨奉诏，惟青苗、助役为陕西之患。"明确表明了他的态度。宋神宗只好顾左右而言他，说："助役惟行京东、两浙耳，雇人充役越州（绍兴县）已行矣。"①

　　熙宁四年（公元 1071 年）二月，司马光改判西京（洛阳）留守司御史台，并上章继续弹劾王安石。首先，司马光自责王安石擅权作威。"引援亲党，盘踞要津，挤排异己，占固权宠，常自以己意阴赞陛下内出手诏以决外廷之事，使天下之威福在己，而谤议悉归陛下。"②其次，司马光告诫宋神宗要防止王安石专言蔽君。"今陛下惟安石之言是信，安石以为贤则贤，以为愚则愚，以为是则是，以为非则非，谄附安石者，谓之忠良，攻难安石者，谓之谗慝。臣之才识固安石之所愚，臣之议论固安石之所非，今日所言，陛下之所谓谗慝者也。"最后，司马光告诉宋神宗，他不惧王安石"虎狼之怒"，要继续"上书对策，指陈其失"。"臣承乏两制，逮事三朝，于国家，义则君臣恩犹骨肉，睹安石专逞其狂愚，使天下生民被荼毒之苦，宗庙社稷有累卵之危……乃敢不避

---

　　①（宋）李焘撰：《续资治通鉴长编》卷 215《神宗　熙宁三年》，第 5248 页。
　　②（宋）李焘撰：《续资治通鉴长编》卷 220《神宗　熙宁四年》，第 5339 页。

陛下雷霆之威，安石虎狼之怒，上书对策，指陈其失，隳官获谴，无所顾虑。"①这时宋神宗正重用王安石变法，对司马光不断上谏很是头痛，欲让他移知许州。司马光辞许州，固请留台。至四月乃从其请。经过这件事，司马光自知进言多不用，遂自此居洛凡十五年，绝口不复论新法，直至神宗崩，哲宗立，太皇太后高氏摄政，他才受命复出执政，终申素志，尽罢新法。

自司马光于熙宁四年（公元 1071 年）四月外放出任西京留守，朝中老臣能径与神宗论政者，因与新政不合，而相继乞离京供职外州或以年老致仕者有：观文殿学士、兵部尚书、知蔡州欧阳修（时年六十五），于熙宁四年（公元 1071年）六月，以太子少师、观文殿学士致仕。熙宁四年（公元1071 年）八月，观文殿学士、户部尚书、知陈州张方平（时年六十五），判南京御史台。同月，武宁军节度使，左仆射同平章事富弼落使相，以左仆射判汝州，熙宁五年（公元 1072年）三月以老病（时年七十）授司空同平章事武宁节度使致仕。熙宁五年（公元 1072 年）二月，观文殿学士、吏部侍郎知郑州吕公弼（时年六十六），为宣徽南院使判秦州。熙宁五年（公元 1072 年）六月，河阳三城节度使、守司空、兼侍中曾公亮（时年七十五）迁守太傅致仕。而老臣韩琦早于宋

---

① （宋）李焘撰：《续资治通鉴长编》卷 220《神宗 熙宁四年》，第 5340 页。

神宗即位之初，治平四年（公元 1067 年）九月，就已经特授守司空兼侍中，镇安武胜军节度使（使相）出判相州，十一月改命判永兴军，兼陕府西路经略安抚使。熙宁元年（公元 1068 年）十二月再除判大名府，充河北四路安抚使，并听便宜从事。熙宁三年（公元 1070 年）二月上疏请罢青苗法，并乞尽罢诸路提举官，其所言与一般意气用事者不同，迫使王安石称疾辞位，而引出司马光批答风暴。至熙宁五年（公元 1072 年），朝中仅有老臣枢密使文彦博（时年六十七岁）独镇中枢与安石分庭抗礼，而反对新法的主要人物几乎尽被调离出京。

宋神宗虽然重用王安石变法，在变法派与守旧派的斗争中支持变法派，但他毕竟与王安石的变法目的有所不同。王安石是为变法而集权，其意在扩大相权；宋神宗是为集权而变法，其意在通过变法进一步扩大与巩固皇权。虽然君臣二人在富国强兵的总目标上达成了默契，但在具体落实措施上，二人却有很多的分歧，这也是宋神宗不肯按照王安石的要求彻底清除反对派的主要原因之所在。到了熙宁七年（公元 1074 年），宋神宗以上年大蝗为灾，今又久旱不雨，五谷踊贵，百姓流离道途，诏百官言朝政阙失，王安石遂遭第一次罢相。四月十八日，司马光上《应诏言朝政阙失状》，言"方今朝政阙失，其大者有六而已。一曰广散青苗钱，使民负债日重，而县官实无所得；二曰免上户之役，敛下户之钱，以养浮浪之人；三曰置市易司，与细民争利，而实耗散官物；

四曰中国未治而侵扰四夷，得少失多；五曰团结保甲，教习凶器以疲扰农民；六曰信狂狡之人，妄兴水利，劳民费财。若其他琐琐米盐之事，皆不足为陛下道也"。[①]司马光此疏，已有尽罢新法之意。

在朝野内外一片反对新法的呼声中，宋神宗已经心倦神疲，无力回天了。

熙宁八年（公元 1075 年）三月，王安石复相，然时局并未有新的起色。

熙宁九年（公元 1076 年）十月，王安石第二次罢相，宋神虽然没有废除新法，但熙宁新政的不幸命运似乎已经注定。

三、高太后听政与对新法的厌恶

元丰八年（公元 1085 年）三月一日，重病的宋神宗诏令立刚满八岁的皇子赵煦为太子，皇太后高氏"权同处分军国事"，垂帘听政。三月五日，宋神宗在福宁殿去世，太子赵煦即皇帝位，史称宋哲宗，尊高太后为太皇太后（以下仍称高太后），继续临朝听政。

自宋仁宗时的刘太后开始，中经宋英宗时的曹太后，再加上眼下的高太后，宋朝已有三位皇太后垂帘听政了。尽管

---

① （宋）李焘撰:《续资治通鉴长编》卷 252《神宗　熙宁七年》，第 6164 页。

她们个性有异，施政的具体内容不同，但她们的政治理念却表现出了高度的一致，即都倾向保守，竭力遵奉所谓的"祖宗之法"，反对任何形式的改弦更张。刘太后强调凡事"尽用祖宗之成宪"，压制主张改革的官员，致使朝野上下不敢议论朝政得失。宋神宗任用王安石变法，曹太后一再告诫宋神宗"祖宗法度不宜轻改"。[①]随着变法运动的逐步深入，曹太后对变法的恶感也与日俱增。

高太后与曹太后的态度完全相同，而且时常与之联袂出击。熙宁六年（公元 1073 年）七月至翌年夏季，北方地区旱魃肆虐，滴雨未沾。曹太后和高太后忧惧万分，对着宋神宗抹眼淌泪，说王安石变乱天下，河北等地的大旱已使百姓流离失所，丧失民心，市易法更使京城民怨沸腾，有酿成暴乱的危险。面对两宫皇太后的眼泪，宋神宗彷徨不安，坚持变法的信心也大大动摇，不几天就解除了王安石的宰相职务。

北宋中期三代太后，政见如一，这的确是一个值得注意的历史现象。

这种现象用"成分论"的观点恐怕解释不通。曹太后和高太后婆媳固然都出身于累世簪缨的名门望族，但刘太后却身世微贱，百分之百地来自于社会的最底层。她本是银匠龚美之妻，随丈夫从故乡四川流落到京城打工谋生，只因偶然

---

①　（元）脱脱等撰：《宋史》卷 242 列传第一后妃上《慈圣光献曹皇后》，第 8621 页。

机缘巧合，得到了真宗皇帝的眷恋，才在经历了无数挫折之后一步步攀上皇后宝座的。

这种现象恐怕也不能按照一般常理来对待，单纯地将之归因于变法触犯了一些皇亲国戚的切身利益。王安石实行市易法、免行法，不仅意在限制大商人操纵物价垄断市场，剥夺官府、宦官肆意勒索的特权，也确实冲击了与后宫有特殊关系的一些大人物的既得利益。宋神宗向皇后的父亲向经一直控制着一批行会商户，向他无偿供应各种物品。曹太后的弟弟曹佾家修建房屋，所需木料也直接向商人索要，分文不给。实施免行法，商人通过缴钱而免除了向官府供物的负担，向经和曹佾等人都无法从中渔利了，自然会心有不甘，利用各种途径宣泄怨气。他们的情绪对曹、高两太后不能没有影响，但如果把两太后反对变法说成是基于为娘家人打抱不平的私利，则未免过于简单了。事实上，姑且不论曹太后素有对曹家亲眷及左右臣仆"毫分不以假借"①的清誉，仅就高太后一生的作为来看，在对待个人名利和高家地位待遇等问题上，她也具有谦谨自律的品德。

高太后当皇后时，弟弟高士林在称作内殿崇班的低级武官任上已有好几年了。宋英宗见他虽是武官，但很喜爱儒学，博览经史，能通大义，尤有巧智，觉着是个人才，便多次想

①　（元）脱脱等撰：《宋史》卷242列传第一后妃上《慈圣光献曹皇后》，第8621页。

提拔他。可是每逢与高太后谈起，她都不答应，还说："士林得以为官禁从，这已经是很过分了，岂能与先朝的皇后家攀比呢？"在她的阻拦下，直至治平三年（公元1066年）高士林死后，宋英宗才追赠他为德州刺史。

　　宋神宗在位时，有一年元宵节，高太后按惯例登宣德楼赏灯，外戚们也全被召集到楼前。宋神宗几次派人向她禀报："应该向外戚们推恩赏赐，如何办法，请太后降旨。"高太后回答："我自会处之。"次日，宋神宗问："如何处之？"高太后说："年纪大的各赐一匹绢，小的分给乳糖狮子两个。"在当时，这实在是一份少得可怜的赏赐。宋神宗多次想为高家营造一处大的宅第，高太后一直不许，过了好久，才勉强同意把望春门外的一块空地赐作宅基。所有营缮工役之费，都是她平日节省下来的私房钱，没动用一文公款。所以，高太后临终前，对宰相吕大防、范纯仁等说："老身受神宗顾托，同官家御殿听断。公等试言，九年间曾施私恩于高氏否？……只为至公，一儿、一女病且死，皆不得见。"①说着禁不住涕泪涟涟。

　　高太后说自己的所作所为完全是"只为至公"，绝无私心，的确是可以问心无愧、理直气壮的。既如此，她的保守，就只能解释为宋朝长期形成的墨守祖宗家法这一传统政治路

---

　　① （宋）陈均撰：《皇朝编年纲目备要》卷第23，徐沛藻、金圆、顾吉辰、孙菊园点校，中华书局2006年版，第576页。

线的产物了。

怀着拨乱反正、恢复祖宗旧法的坚定信念，五十四岁的高太后最终走上了宋帝国统治的前台。她对弥留中的宋神宗说："我要给你改某事某事，共二十余条。"她充满了刻不容缓的紧迫感，竟然不顾是否会对垂死的儿子造成不好的刺激。一场彻底清算熙宁新法的政治运动终于在高太后的主持下展开了。由于这一运动主要发生在元祐年间（公元1086年—1094年），所以史书上称之为"元祐更化"[①]。以"元祐更化"为标志，王安石的新法彻底退出了历史的舞台。

四、王安石的政风与其成败的关系

两宋之际的叶梦得曾经说过："大抵人才有四种：德量为上，气节次之，学术又次之，材能又次之。欲求成材，四者不可不备。论所不足，则材能不如学术，学术不如气节，气节不如德量。然人亦安能皆全顾？各有偏胜，亦视其所成之者如何，故德量不可不养，气节不可不激，学术不可不勤，材能不可不勉。苟以是存心，随所成就，亦便不作中品人物。"[②]

---

① 参见齐涛主编，江晓涛、李晓著：《中国政治通史——动荡与变迁的宋辽金政治》，泰山出版社2003年版，第240—243页。

② （宋）叶梦得著：《避暑录话》卷下，徐时仪整理，大象出版社2019年版，第75页。

叶梦得的这四个标准，实际上也是对政治家涵义的概括。

顾名思义，"德量"就是"德行"加上"度量"的意思。手握权力，为生民立命，为万世开太平，规矩社会，心中无私，志在家国天下，胸怀坦荡，虚怀若谷，广开言路，开诚布公，文明自律，等等，都应该是政治家的可贵品格，也是"德量"的实质内容。"气节"则是道德自律的延伸，属于独立人格范畴。战国时孟子认为，这种独立人格来自于个人对人生境界的不断内修。孟子说：

> 舜发于畎亩之中，傅说举于版筑之间，胶鬲举于鱼盐之中，管夷吾举于士，孙叔敖举于海，百里奚举于市。故天将降大任于是人也，必先苦其心志，劳其筋骨，饿其体肤，空乏其身，行拂乱其所为，所以动心忍性，曾益其所不能。人恒过，然后能改。困于心，衡于虑，而后作；征于色，发于声，而后喻。入则无法家拂士，出则无敌国外患者，国恒亡。然后知生于忧患而死于安乐也。①

孟子十分强调自身人格的修养。他说："居天下之广居，立天下之正位，行天下之大道。得志，与民由之；不得志，独行其道。富贵不能淫，贫贱不能移，威武不能屈，此之为

---

① （战国）孟轲著：《孟子》，何晓明、周春健注说，河南大学出版社2008年版，第59页。

大丈夫。"[①]有志者就应当居庙堂之上，始终能坚持独立的人格与正确处事的原则。得志，忧民；不得志，忧君。

为了能保证实现自己独立的人格，保持独立的气节，孟子认为需要做好"寡欲"[②]和"富贵不能淫，贫贱不能移，威武不能屈"两件事情。

孟子说："古之人未尝不欲仕也，又恶不由其道。"[③]

要想达到以上目的，孟子还提出了"我善养吾浩然之气"的修身养德措施。他说："其为气也，至大至刚，以直养而无害，则塞于天地之间。其为气也，配义与道；无是，馁也。是集义所生者，非义袭而取之也。行有不慊于心，则馁矣。"[④]将个人的事业与日常生活建立在保持自己独立人格的基础上，不断养育自己至大至刚的浩然正气，就能成就自己的"气节"。

至于"学术"与"才能"，其意简单明白，这里不加赘述，只是应该指出，它们也是政治家品质修养的重要组成部分。学而知之与学中育材，在学习中实践，在学习中成长，这是成就人事业的不可或缺的重要过程。然每个人的资质不同，勤奋努力程度不同，所处环境不同，所得机缘不同，往往所获"学术"与增加的"才能"也就不同。

按照叶梦得的人才标准，王安石可谓是德量、气节、学

---

① （战国）梦轲著：《孟子》，第159页。
② （战国）梦轲著：《孟子》，第27页。
③ （战国）梦轲著：《孟子》，第157页。
④ （战国）梦轲著：《孟子》，第60页。

术、材能四者兼备。

晚清戊戌变法著名代表人物梁启超认为，王安石政术超群，为中国数千年来"不世出之杰"，管仲、子产、商鞅、诸葛亮等人，规模与法度都不及王安石宏大与阔远，他推行的新政，虽不能说是成功，但也绝不能谓之完全失败。他是这样评价王安石的：

> 国史氏曰：甚矣知人论世之不易易也。以余所见宋太傅荆国王文公安石，其德量汪然若千顷之陂；其气节岳然若万仞之壁；其学术集九流之粹；其文章起八代之衰；其所设施之事功，适应于时代之要求而救其弊；其良法美意，往往传诸今日莫之能废。其见废者，又大率皆有合于政治之原理，至今东西诸国行之而有效者也。呜呼！皋、夔、伊、周，邈哉邈乎，其详不可得闻；若乃于三代下求完人，惟公庶足以当之矣。悠悠千祀，间生伟人，此国史之光，而国民所当买丝以绣，铸金以祀也。距公之后，垂千年矣！此千年中，国民之视公何如？吾每读《宋史》，未尝不废书而恸也！①

皋、夔、稷、契是传说中尧舜治理天下时的四大辅助贤臣，皋主管刑法、夔主管礼乐、稷主管农业、契主管教育；伊尹是商朝贤臣，周公是西周武王、成王时的股肱辅弼大臣。

---

① 梁启超等编著：《中国六大政治家》上册，《王荆公》，中华书局2014年版，第353页。

他们皆是中国早期历史上对国家治理有过重大贡献的政治人物。梁启超将王安石与"皋、夔、伊、周"等颇具开创性的历史名臣并列，可见他对王安石功业人品的推崇与赞赏。在梁启超的思想中，王安石是盖世英杰，却一直蒙天下之诟病，国人一向因循苟且，不恤国事，遂使千年如长夜。欲要改变因循守旧、拖沓懈怠、得过且过的政治风气，就应当弘扬王安石敢于担当、勇于创新的政治热情与斗争精神。

梁启超说："所谓大政治家者，不外整齐画一其国民，使之同向于一目的以进行，因以充国力于内而扬国威于外云尔。欲整齐画一其国民，则其为道也，必出于干涉。"① 所谓干涉，就是运用国家权力，深度地介入国家经济生活、社会生、政治生活和文化生活，希望通过这类干涉，建构并维护其秩序，调动其潜力，以提升国家综合实力。而王安石就是符合这样标准的一位大政治家。

梁启超是中国近代历史上一位有名的维新派与改革家，他站在自己的政治立场上，反对朝中大臣"因循苟且，不恤国事"，希望国人"勇于造作"，因而高度歌颂与肯定王安石变法是可以理解的。

然而，与梁启超同时代的思想家严复却不这么看，他对王安石的政治作风多有褒贬与批评，这种批评，在一定程度

① 梁启超等编著:《中国六大政治家》下册,《王荆公》,中华书局 2014 年版,第 440 页。

上沿袭了宋明以来批判王安石的传统，如司马光所说的王安石用心太过，自信太重，性格倔强，不通人情。严复说："众贤说介甫皆有太过处，唯温公（司马光）说其执拗不晓事，最平允。"① 王安石有《众人》一诗："众人纷纷何足竞，是非吾喜非吾病。颂声交作莽岂贤，四国流言旦犹圣。唯圣人能轻重人，不能铢两为千钧。乃知轻重不在彼，要之美恶由吾身。"② 这是王安石自比周公，自命为圣贤的典型之作，表达了他的那种只求诸己而不顾现实政治实际情况的固执性格。严复在此诗上批道："此老执拗之名所以著也。"这类颇具代表性的意见实际上是对王安石在为政作风上的过度自信和不会变通、不会团结人的批评。

与王安石同时代的士大夫对王安石政治作风的看法，我们可以以他在熙宁二年（公元 1069 年）任参知政事为分水岭来加以分析，前后看法差异很大。

熙宁新政开始前，王安石在同时代的士大夫的心目中几乎完全是一个正面的形象。他不但学问做得好，人品与政治才干也得到了普遍的好评。如欧阳修在《荐王安石吕公著札子》中说："王安石德行文学，为众所推，守道安贫，刚而

---

① 严复著，孙应祥、皮后锋编：《严复集补编》，福建人民出版社 2004 年版，第 182 页。

② （宋）王安石著：《临川先生文集》卷 10《众人》，第 284 页。

不屈……久更吏事，兼有时才。"①希望推荐王安石能够入朝成为谏官；"文彦博荐安石恬退，乞不次进用，以激奔竞之风"。②宋神宗即位之初，韩维、曾公亮等人都曾力荐过王安石，认为王安石才干过人。这说明，王安石执政之前，朝野士大夫对他期待甚殷。当然，此时也有个别人对王安石有不同的看法，如变法前宋神宗询问参知政事吴奎对王安石的看法时，吴奎就说："安石文行，寔高出于人。"宋神宗问："当事如何？"吴奎回答说："恐迂阔。"他认为王安石性格上刚愎自用，政治措施则迂阔难行，万一用之，必定紊乱朝廷的纲纪。"上勿信，于是卒召用之。"③

然而，熙宁新政开始后，在见识了王安石的变法主张及其实行手段后，众多士大夫开始对他的政见与政风产生了分歧与怀疑。在这种情况下，王安石的一些为政缺陷也就迅速暴露出来并被反对派无限地放大，从而引发了朝野很多人对他新法的抵制以及对他政风的批评。

与王安石同时代的士大夫对他的政风普遍品评不高。司马光说王安石"性不晓事而愎，此其短也④。"吕诲说"王安

---

① （宋）欧阳修著：《荐王安石吕公著札子》附录，奏议，见王水照主编：《王安石全集》第十册，复旦大学出版社 2017 年版，第 76 页。

② （明）陈邦瞻撰：《宋史纪事本末》（一），中华书局 2015 年版，第 323 页。

③ （清）黄以周等辑注：《续资治通鉴长编拾补》卷 2《英宗　治平四年》第 51 页。

④ （宋）李焘撰：《续资治通鉴长编》卷 210《神宗　熙宁三年》，第 5113 页。

石虽然在当时很有名，但性格固执，偏见很深，轻信奸佞，喜欢别人讨好自己。听他讲的话觉得很有道理也很有水平，让他去真正将政见落实于实践就很困难"。孙固认为"王安石的学术水平甚高，作为顾问和高级幕僚是很好的人选。但是宰相自有应有的气度，而王安石为人却少从容的气质"。程颢说王安石"博学多闻，但不太善于坚守原则"。王安石与曾巩是至交，两人平生以道义相促进。宋神宗问曾巩："你与王安石交情最密，王安石是怎么样的一个人呢？"曾巩回答说："王安石的文学水平和思想高度，不减汉代思想家扬雄，但是，之所以超不过扬雄，是因为王安石为人比较吝啬。"神宗困惑地说："王安石一向轻视富贵功名，不像一个吝啬鬼。"曾巩说："我所说的吝啬与常义不同，王安石勇于有为，但在改正自己所犯的错误上往往很吝啬。"① 熙宁四年（公元1071年）十月，王安石弟王安国在宋神宗召对时明言指责其兄为政："聚敛太急，知人不明。"②

　　据《续资治通鉴长编》记载，陈瓘曾这样论述王安石：

　　　　熙宁之初，神考以安石为贤。自邓绾黜逐以后，不以安石为贤矣。安石退而著书，喷郁怨望。当此时，傲然自圣，于是书托圣训之言曰："卿，朕师臣也。"又曰："君臣之义重

---

① 参见范立舟著：《王安石为官之道》，第203—204页。

② （宋）李焘撰：《续资治通鉴长编》卷227《神宗　熙宁四年》，第5532页。

于朋友。朕既与卿为君臣，宜为朕少屈。"此等不逊之言托于圣训，前后不一。又谓吕惠卿亦师臣也，又谓如常秩者，亦当屈己师之。惠卿师臣，则假曾公亮之言；常秩可师，则假张戬之言。神考尝谓常秩不识去就，安石亲闻此训，书于《日录》，岂有不识去就之人而可以为圣主之师乎？况张戬言行出处自有本末，岂有崇奖不识去就之人而请圣主以师之哉？神考以尧舜之道光宅天下，高厚如天地，光明如日月，安石乃欲与吕惠卿、常秩俱为师臣，轻慢君父，不亦甚乎？其事矫伪，臣故系之于寓言。①

陈瓘在《续资治通鉴长编》论及王安石时又说：

臣闻熙宁之初，论安石之罪，中其肺腑之隐者，吕诲一人而已。熙宁之末，论安石之罪，中其肺腑之隐者，惠卿一人而已。吕诲之言曰："大奸似忠，大佞似信。外示朴野，中藏巧诈。骄蹇傲上，阴贼害物。"吕惠卿之言曰："安石尽弃素学，而隆尚纵横之末数，此为奇术，以至谮愬胁持，蔽贤党奸，移怒行狠，方命矫令，罔上要君。凡此数恶，莫不备具，虽古之失志倒行而逆施者，殆不如此。平日闻望一旦扫地，不知安石何苦而为此也？谋身如此，以之谋国，必无远图。"②

---

① （宋）李焘撰：《续资治通鉴长编》卷233《神宗　熙宁五年》，第5661页。
② （宋）李焘撰：《续资治通鉴长编》卷374《哲宗　元祐元年》，第9070页。

　　宋神宗、哲宗时代，在对王安石为政作风的认识上，司马光对王安石的评价最具有代表性。

　　熙宁三年（公元 1070 年）二月二十七日，司马光在上《与王介甫第一书》中首先询问王安石："窃见介甫独负天下大名三十余年，才高而学富，难进而易退，远近之士，识与不识，咸谓介甫不起则已，起则太平可立致，生民咸被其泽矣。天子用此起介甫于不可起之中，引参大政，岂非亦欲望众人之所望于介甫邪？今介甫从政始期年，而士大夫在朝廷及自四方来者，莫不非议介甫，如出一口。下至闾阎细民小吏走卒，亦窃窃怨叹，人人归咎于介甫。不知介甫亦尝闻其言而知其故乎？"他接着告诉王安石引发非议的原因所在："今天下之人，恶介甫之甚者，其诋毁无所不至。光独知其不然，介甫固大贤，其失在于用心太过，自信太厚而已。"他批评王安石刚愎自专，自认为古今之人，都不如自己有才华。有人选择与他的意见相同，他就很欢喜，选择与他的意见不一致，他就很恼怒。他喜欢的人数年之间就得到提拔重用，他恼怒的人则逐渐地被排挤，终身沉没在下层。"今乃自以为我之所见，天下莫能及，人之议论与我合则喜之，与我不合则恶之。"①当听闻王安石病逝的消息后，虽然在政见上一直与王安石为敌，但司马光对于这位政治上的老对手还是十分宽恕。他曾感慨地说："王安石没有什么别的大毛病，就

―――――――――

　　①　（宋）司马光著：《司马温公集编年笺注》卷 60《与王介甫书》，第 554 页。

是太固执了。"《宋史·王安石传》也这样评述王安石:"安石性强忮,遇事无可否,自信所见,执意不回。至议变法,而在廷交执不可,安石傅经义,出己意,辩论辄数百言,众不能诎。甚者谓'天变不足畏,祖宗不足法,人言不足恤'。罢黜中外老成人几尽,多用门下儇慧少年。"[①] 也许是担心变法之事业为"流俗"所破坏,所以王安石才会不惜得罪众人,在新政上一意孤行,决定将预先的政治设计贯彻到底吧。

南渡以后,知识群体对王安石的政风及性格的品评也大多集中在他的刚愎自用与褊狭局促上面。南宋初,范冲就指出:"王安石自任己见,非毁前人,尽变祖宗法度。"[②] 在南宋士大夫中,朱熹对王安石的性格及其政治作风的评价似乎更为精准一些。他说王安石"其为人质虽清介,而器本褊狭,志虽高远,而学实凡近。其所论说,盖特见闻臆度之近似耳。顾乃挟以为高,足己自圣,不复知以格物致知、克己复礼为事,而勉求其所未至,以增益其所不能,是以其于天下之事,每以躁率任意而失之于前,又以狠愎徇私而败之于后,此其所以为受病之原"[③]。朱熹同时批评王安石为人既已如此,为学亦然,他说王安石"故于圣贤之言,既不能虚心静虑以求其立言之本意,于诸儒之同异,又不能反复详密以辨其为说

---

① (元)脱脱等撰:《宋史》卷 327 列传第 86《王安石》,第 10550—10551 页。

② (宋)李心传编撰:《建炎以来系年要录》卷 79,绍兴四年八月戊寅朔条,中华书局 1956 年版,第 1289 页。

③ 曾枣庄、刘琳主编:《全宋文》第 251 册卷 5647《读两陈谏议遗墨》,第 353 页。

之是非，但以己意穿凿附丽，极其力之所通，而肆为支蔓浮虚说"①。岳飞的孙子岳珂也认为王安石得到君主的信任太厚，自信太专，他说"王荆公相熙宁，神祖虚心以听，荆公自以为遭遇不世出之主，展尽底蕴，欲成致君之业，顾谓君不尧、舜，世不三代，不止也。然非常之云，诸老力争，纷纭之议，殆偏天下，久之不能堪。又幸其事之集，始尽废老成，务汲引新进，大更弊法，而时事斩然一新"②。洪迈也说"安石平生持论，务与众异"。他们都指出王安石在政治上表现得性情褊急，不能容物，缺少宰相度量。两宋士大夫对王安石的评语是如此的相似，这说明王安石的性格及其为政作风确实存在着不尽人意的地方，因而才会有"安石用事，贤士多谢去"③的不幸情况的发生。

　　不过，当我们挥去历史的尘埃，客观冷静地看待这段历史时，还是应该承认，王安石变法的失败有着很多方面的原因。改革是一个缓慢渐进、徐图发展的过程。百年积存下来的垃圾岂能在短短的时间内芟除打扫干净？王安石毕竟是一个文人出身的政治家，做学问才是他的专长，玩政治却是他的短板。他想做一个商君式的实干型政治家，但他打不破通

------

① 曾枣庄、刘琳主编：《全宋文》第 251 册卷 5647《读两陈谏议遗墨》，第 356 页。

② 岳珂著，吴企明点校：《桯史》卷 11《王荆公》，中华书局 1981 年版，第 127 页。

③ （元）脱脱等撰：《宋史》卷 322 列传第 81《杨绘》，第 10449 页。

常文人坐而论道、浮躁偏激、激情有余而理智不足的魔咒，他刚愎自用、褊狭局促、浮躁极端的为政作风及其性格上的不会圆通不过是导致他失去士大夫集团支持的一个因素，而用理想与热情代替现实与残酷，用秋风扫落叶残酷的革命手段代替和风细雨、润物细无声的说服与耐心的"摸着石头过河"的逐步探索改革方式，这才是王安石变法失败最主要的主观因素。说到底，王安石还不是一个真正成熟的政治家，他缺乏强大的治国才干和足够的领袖人格魅力，做一个国师与高参可以，让他充当一个宰相职业经理人，则是宋神宗用人不当，这也是王安石个人的悲剧所在。

　　事实上，王安石变法的失败，根本原因在于当时并没有一个能够促成改革者生存与发展的客观环境，是北宋皇帝与士大夫共治天下这一祖宗成法桎梏的结果。当初宋太祖赵匡胤通过陈桥兵变从孤儿寡母手中取得政权本身就没有合法性。为了巩固统治，为赵宋王朝政权寻找合理性依据，宋初统治者开启了"皇帝与士大夫共治天下"的政治模式。但随着士大夫阶层的崛起与不断膨胀，到北宋中期，皇权实际上已经大大削弱，士大夫集团不断企图用道统高于政统的理论来制约君权，来抬高自己，从而导致皇帝为了维护自己的统治，不得不将精力耗费在高层权力制衡与制约士大夫集团的权欲膨胀及其党争上面。熙宁新政表面上是针对为解决北宋的"冗官""冗兵""冗费"三冗问题而发，实质上在王安石方面是为了变相扩大相权，实行宰相专政；在宋神宗方面则是为了通过新政来打击朝廷中士大夫权力集团，借机来扩展与加强皇权。君臣二人貌合神离，各有所取。当然，宋神宗没有达到集权目的，王安石也没有达到改变相权软弱无力状况的目的。熙宁新政本应该是一场旨在"富国强兵"的改革运动，但因为各方目的不同，谁也不想放弃自己想要得到的利益，因此这场高调的改革运动没有能达到宋神宗削弱士大夫集团在国家政权中的影响力的愿望，士大夫集团在相互争斗中也都元气大伤，以王安石变法为导火线所引发的党争以及士大夫集团的内部火并更加削弱了赵宋政权统治的力量。既然这场对祖宗成法伤筋动骨的手术已经开始，要想复原也已经失去了可能。改革，宋乱，灭亡；不改革，因循守旧，可以暂时苟且，但拖沓不作为政治照样挽救不了宋亡。此后，虽然新法尽废，但"祖宗之良法美意"，已经"变坏几近"，从此"邪佞日进，人心日离，祸乱日起"①。五十年后，北宋政权终于在内部虚耗中被后金政权所亡。北宋灭亡表面上是亡于后金政权的军事侵略，其内因实际上则是北宋中期以来士大夫集团企图控制朝政与削弱皇权的结果。王安石变法不过是打开这个"潘朵拉盒子"罢了。

---

① （元）脱脱等撰：《宋史》卷 16 本纪第 16《神宗三》，第 314 页。

结　语　王安石治国论

　　国家治理的一项重要内容，就是在多种目标、不同价值与各个利益阶层之间进行平衡和调控。北宋中期王安石变法，以理财光农为核心，兼及科举、军事等领域，在一定程度上影响了北宋王朝的政治命运和走向。王安石的变法思想主要渊源于儒家学说，有人称王安石"言为诗书，行则孔孟"[①]"少学孔孟，晚师瞿聃"[②]，而王安石本人则更直言"他日若能窥孟子，终身何敢望韩公"[③]。法先王之政，行仁义之道，是孟子学说的要点和精华。同时，王安石也以商鞅变法为自己的楷模，继承和弘扬了孟子、商鞅的政治主张，并鲜明地贯穿在他的变法思想和变法实践之中。

---

　　① 史海辉：《从"三不足"看王安石的法家思想》，《学习与批判》1973年第1期。

　　② 曾枣庄、刘琳主编：《全宋文》第101册卷2211《祭丞相荆公文》，第269页。

　　③ 詹大和等撰：《王安石年谱三种》《王荆公年谱考略》卷之五，裴汝诚点校，中华书局1994年版，第279页。

一、理财为治国之首务

生财和理财是王安石"熙宁新政"的主要内容。

王安石"生财"的指导方针是："富其家者资之国，富其国者资之天下，欲富天下则资之天地。"[①]即增加国家财政收入的根本途径是向大自然索取财富。他不同意采用提高税收的方法，认为聚敛不过是财富的转移。他主张从发展生产、开发大自然入手，提出"因天下之力，以生天下之财，取天下之财，以供天下之费"[②]的政策原则，具体措施是将农民与土地结合起来，促进农业生产，扩大社会财富。

第一，王安石提出了自己独特的"财、法、吏"三位一体的财政观，这就是："合天下之众者财，理天下之财者法，守天下之法者吏。"[③]王安石说，聚合天下百姓的是钱财，管理天下钱财的是法令，执行法令的是官吏。官吏不好，那么有法令也没有办法遵守，法令不完善，那么有钱财也没有人管理。有钱财却没有人管理，那么地方经济就会失去秩序，不法者就会趁机与朝廷争利，从而影响到国家正常的财政收入与民众的经济利益。

第二，理财是朝廷的首要政务，其开阖敛散之权必须操

---

① 曾枣庄、刘琳主编：《全宋文》第 64 册卷 1391，第 146 页。
② （元）脱脱等撰：《宋史》卷 327 列传第 86《王安石》，第 10542 页。
③ 曾枣庄、刘琳主编：《全宋文》第 65 册卷 1407，第 40 页。

控在中央政府手中，不能将权力下放，地方豪强一旦掌握了敛散财物的权力，必会严重影响中央政府的威望，非但减损中央政府的财政收入，而且还会助长地方势力的抬头，这就极其不利于社会政治秩序的稳定。

第三，国家理财事务要走上正轨，获得稳定、持续、充裕的财政资源，一定要有合理的法度，有守法的人才，二者缺一不可。

第四，不能将收税与征敛百姓作为唯一的财政收入之道，而要放开眼光，去寻找开发自然之利、增加财源的办法。

第五，王安石主张用政权力量积极干预经济生活，并力图增进中央政府所掌控的财税资源，但在盐、铁、茶、酒等的专卖问题上，他主张不放任，少干预，采取国财、民财分而行之的政策，尽量不要去与民争利。

第六，王安石主张"理财以农事为急"，国家要鼓励农业生产的发展，使百姓安土乐业，人致其力，以生天下之财。

第七，王安石将理财的对象定位为"国财"和"民财"两大部分。

王安石认为，为国家理财的核心与重点，就是要将天下之财富通过开阖敛散之权操持在中央政府的手中，要将地方豪强势力排斥在操控大宗财富之外，使之不构成对中央集权经济层面的威胁。王安石对地方豪强势力的兼并活动向来印象深刻，对土地兼并的警觉和限制是他一贯的主张。针对当时豪强占田无限、兼并行为习以为常、重禁莫能止的形势，王安石认为要达至"富国"之目的，必须"变风俗，立法度"，"抑制兼并，均济贫乏"。要将财富资源从地主商贾的兼并之家转移到中央政府手中，牢牢地控制与扩大国家的财政经济收入，唯有如此，朝廷才能确保军事和民生大事的筹划与实施。

二、"摧抑兼并"

王安石力主安民、利民，抑制豪强。

"摧抑兼并"是王安石"以义理财"思想在治国理政中的政治实践。

王安石认为理财的关键是抑制豪强。

他希望通过抑制豪强势力，实现国家对经济、财政的全面控制，以此加强中央集权，巩固君主统治。

北宋豪强势力之盛，胜于前朝，成为与国家争利、导致社会不稳定的重要因素。王安石认为，天下士民本为君主守封疆，卫社稷，可是豪强兼并土地，役使细民，与君争利。社会贫富对立日趋严重，问题关乎君权安危，要想争取民心，改变现状，君主就必须要在士民和豪强之间作出选择。

王安石对世家大族兼并行为给国家治理带来的严重危害具有深刻的认识。他这样向宋神宗描述兼并之家的危害并进言抑制兼并之家："今一州一县便须有兼并之家，一岁坐收息至数万贯者。此辈除侵牟编户齐民为奢侈外，于国有何功而

享以厚奉？""天命陛下为神明主，殴天下民使守封疆，卫社
稷，士民以死徇陛下不敢辞者，何也？以陛下能为之主，以
政令均有无，使富不得侵贫，强不得凌弱故也。今富者兼并
百姓，乃至过于王公，贫者或不免转死沟壑，陛下无乃于人
主职事有所阙，何以报天下士民为陛下致死？"①可见，摧抑
兼并可以实现"义"（即"报天下士民为陛下致死"），符合
王安石为变法而提出的"以义理财"的思想标准。

王安石在制定新政法令时，对"兼并之家"的态度是十
分强硬的，他把"摧抑兼并"作为他施政的重点部分，主张
通过财政手段来抑制兼并之家的不法行为，并进而实现各阶
层间的势力平衡。熙宁新政除了要增加国家财政收入外，还
有一个目的就是要缩小和消除因豪强兼并而带来的社会贫富
不均等问题。针对巨室富户擅轻重敛散之权的不正常现象，
王安石颁布了均输法，其目的在于"稍收轻重敛散之权，归之
公上，而制其有无，以便转输，省劳费，去重敛，宽农民，
庶几国用可足，民财不匮矣"②；针对富商巨室能够对商业贸
易进行垄断是因为"去古既远，上无法以制之，而富商大室
得以乘时射利，出纳敛散之权一切不归公上"③，王安石颁布
了市易法，以国营商业收轻重敛散之权，归于国家，借此来

---

① （宋）李焘撰：《续资治通鉴长编》卷240《神宗 熙宁五年》，第5830页。
② （清）毕沅撰：《续资治通鉴》宋纪卷67，标点续资治通鉴小组点校，中华
书局1957年版，第1649页。
③ （宋）李焘撰：《续资治通鉴长编》卷231《神宗 熙宁五年》，第5622页。

限制"兼并之家"对贸易的垄断。

王安石变法中的青苗法,实施时有一个目的就是打击放高利贷的兼并之家,使农人得以趋时赴事,兼并者不得乘其急,"常平新法,乃赈贫乏,抑兼并,广储蓄以备百姓凶荒"①。由国家在青黄不接之时提供贷款,以避免农民在新粮接不上旧粮时向兼并之家告贷被索要高息,甚至于有时候求贷不能的现象,这样做是为了能限制"兼并之家"毫无节制地通过高利贷来盘剥百姓,从而达到缓和社会矛盾、发展农业生产的目的。

三、崇尚法治

王安石认为,要想改变北宋王朝积弱积贫的现状,就必须在立法与选才上面进行革新,"明法度""立善法",尤其是要加强吏治方面的建设。

熙宁元年（公元 1068 年）王安石被召入朝,任翰林学士。在这段时期,他上奏疏给宋神宗说：

> 臣以为有司议罪,惟当守法,情理轻重,则敕许奏裁。若有司辄得舍法以论罪,则法乱于下,人无所措手足矣。②

---

① （清）黄以周等辑注:《续资治通鉴长编拾补》卷7《神宗　熙宁三年》,第305 页。

② （元）马端临撰:《文献通考》卷170《刑考九》,第 5098 页。

到王安石做了参知政事即副宰相之后，不但立即创设了一个"制置三司条例司"，由他本人兼任该司的领导人，把原属"三司"的部分职权收归中书省掌管，而且还在处理一件刑事案件时，因司法部门的官员不能取得一致意见，他就又以副相身份提出处理意见，亦即要把司法部门的部分职权收归中书的掌握之中。在此以前，所有有关"议定刑名"之事，都是由司法部门的审刑院、大理寺作出最后的判决，宰相和副宰相是从不过问的。因此，当王安石出面过问此事之后，宰相曾公亮就不以为然，认为"以中书论正刑名"是不对的。王安石对此提出反驳意见说：

> 有司用刑不当，则审刑、大理当论正；审刑、大理用刑不当，即差官定议；议既不当，即中书自宜论奏，取决人主。此所谓国体。岂有中书不可论正刑名之理？[1]

王安石的意见得到宋神宗的支持，在这次事件之后，中书不但"议刑名"，而且紧接着就对当时的刑律提出了五点疑问，以为应当加以改正，也得到宋神宗批付"编敕所详议立法"。

王安石执政之初，就以这两件事表明了他对刑与法问题的重视态度。

自董仲舒以来的儒家们，都把《春秋》的地位高抬在其

---

① 　（元）脱脱等撰：《宋史》卷 201 志 154《刑法三》，第 5007 页。

他诸"经"之上。他们要以《春秋》治狱，要依《春秋》经义"断天下之事，决天下之疑"。王安石在熙宁三年（公元1070年）改革科举考试办法时，罢诗赋而改试"经义"，把《诗经》《尚书》《周易》《周礼》《礼记》都列作一般举子们研读和应试的经典，却唯独不把《春秋》列举于内。当时盛传，王安石只把《春秋》当作"断烂朝报"，所以不把它"列于学官"。这个传说并不确实。他不列《春秋》于学官的真正借口，是"《春秋》自鲁史亡，其义不可考"[①]。这说明，在王安石的心目中，是不把《春秋》作为"大经大法"看待的。

王安石父子和吕惠卿在稍后编写的《三经新义》，自来是被正统的儒家人士认为是专以"济其刑名法术之说"的。例如在《尚书新义》中，就有"敢于殄戮，乃以乂民。忍威不可讫，凶德不可忌"一类话语，被汪应辰、朱熹等人认为"皆害理教，不可以训"[②]。

与此同时，在王安石的建议下，朝廷设立了一个叫作"明法"的新科，考试科目是律令，《刑统》大义和断案。凡不能或不愿参加进士考试的，都可参加"明法"新科的考试。凡应"明法"考试而被录取的，即由吏部列入备用的司法人员的名单当中，其名次且列在及第进士之上。到新政推行十六年后，保守派的首脑人物司马光做了宰相，在科举方面首先

---

① （宋）李焘撰：《续资治通鉴长编》卷247《神宗 熙宁六年》，第6019页。
② （宋）黎靖德编：《朱子语类》卷78《尚书一》，第1987页。

就废罢了明法新科。他所持的理由是："至于律令敕式，皆当官者所须，何必置'明法一科'，使为士者预习之？夫礼之所去，刑之所取；为士者果能知道义，自与法律冥合；若其不知，但日诵徒、流、绞、斩之书，习锻炼文致之事，为士已成刻薄，从政岂有循良？非所以长育人材、敦厚风俗也。"[①]程颐的弟子杨时攻击王安石说："王氏只是以政刑治天下，'道之以德，齐之以礼'之事全无。"[②]这说明，明法新科的设置和废罢，是新政派与保守派在法治和礼治上的分歧与斗争。

到了熙宁四年（公元 1071 年）十月，王安石不但继续举行"明法"新科的考试，并且又进一步作出规定说，所有"奏补初仕"和一任得替应"守选"者，全须经流内铨试断案和律令大义，然后才能按等第高下分别"注官"。到熙宁六年（公元 1073 年）三月，更把这一规定的适用范围放宽，凡进士同出身、诸科同出身以及"授试监簿人"要注官，全须经由流内铨这类考试才行。这就是后来被苏轼用"读书万卷不读律，致君尧舜知无术"的诗句所讽刺的那件事，由此也可以看到王安石对于法治建设之重视。

从更详细的史料看，王安石的"法治"思想是儒法兼容。他当过提点江东刑狱，又曾纠察京城刑狱，有丰富的执法实

---

① （宋）李焘撰：《续资治通鉴长编》卷 371《哲宗　元祐元年》，第 8970 页。
② （宋）杨时撰：《杨时集》卷 13《语录》，林海权整理，中华书局 2018 年版，第 367 页。

践，其法学思想以人为本，鲜明而富有特色。概括说来，王安石认为道德教育是"本"，政令法律是"文"，而惩诫刑罚是"末"。他提倡用教育来改变人心。以孔孟为代表的儒家学说，在政与刑、礼与刑的关系上一直强调政本刑末、礼先刑后，奉《论语》"道之以政，齐之以刑""道之以德，齐之以礼"为圣训经典。王安石显然继承并发展了这种观点，崇政重教、重礼宽刑，反对不教而诛、滥杀无辜，坚持儒家的礼先刑后、政本刑末的学说，主张德教为本，依法断狱，量刑从宽。在他所著《复仇解》一文中，系统地表述了既要严格依法，又应守礼原情的主张，这反映了王安石对儒法两家关于"法治"学说的继承和扬弃。

四、如何养育人才

王安石的人才思想自成体系，构成了王安石变法理论的重要组成部分。他执政后不久即着手改革科举，在上宋神宗《乞改科条制劄子》中，王安石写道："古之取士，皆本于学校，故道德一于上，而习俗成于下，其人材皆足以有为于世。"[①] 明确提出了道德于上、兴学重教的育才取士方针。

中唐至宋初，进士考试的主要内容是诗赋，这只能录取

---

① （宋）王安石著：《临川先生文集》卷42《乞改科条制劄子》，第808页。

到文人墨客，无补于政事。这是王安石主张改革科举的主要
因素。

王安石关于人才和教育的论述十分丰富。在洋洋万言的
《上皇帝万言书》中，王安石用了大部分篇幅论述人才问题，
从"教之、养之、取之、任之"四个方面，全面、深刻地剖
析了当时社会在人才培养、教育和选拔任用等方面所存在的
弊端，矛头直指科举制度和现实吏治的不足一面，同时，他也
提出了具体的解决方法。

王安石从四个方面进行论述：

（1）"教之"——怎样培养人才。

王安石指出，自古以来，历代天子诸侯无不重视教育，朝
野上下皆设有学校，既严格选择教官，又慎重选择教材，让学
子学习"先王之法言德言治天下之意"，将他们培养成"可以
为天下国家之用"的人。然而，方今州县学堂，形同虚设，既
无称职的教官，也不学习"朝廷礼乐刑政之事"，只知道"讲
说章句"和"教之以课试之文章"，读到白头也难成才，"不
足以为天下国家之用"，"使之从政，则茫然不知其方。"王
安石提出要严格选拔教官，让学子习学"文武之道""礼乐刑
政之事"，入则可以治文事，出则能够为边将，"苟不可以为
天下国家之用，则不教也"，这便是他的"教之"之道。

（2）"养之"——对高俸养廉的探讨。

"高俸养廉"是王安石治吏的一个基本准则，所解决的
办法是推行"仓法"及"重禄法"。

王安石是一个现实主义者，在官员的物质待遇方面，他没有抽象、片面地强调仁义道德，而是系统周密地提出了解决人才的管理和待遇问题的基本办法，即"饶之以财，约之以礼，裁之以法"，王安石尖锐地指出，由于官员队伍的恶性膨胀，国家开支日益庞大，以至于官员待遇也两极分化，朝廷大官俸禄极高，而中、下级官吏俸禄又偏低，州县小吏甚至没有俸禄。这样做的恶果，"官大者，往往交赂遗、营资产，以负贪污之毁；官小者，贩鬻、乞丐，无所不为"。王安石主张提高中下级官吏的俸禄，"使其足以养廉耻，而离于贪鄙之行"，不至于为父母、兄弟、妻子之养，婚姻、朋友之接，疾病、丧葬和抚养遗属之用而烦恼憾恨，从而可以忠心于国事，更好地做好自己的本职工作。当然，光靠"饶之以财"即高薪养廉，并不能完全解决官员廉政问题。王安石同时主张"约之以礼"，即制定官员道德规范，提倡节俭，对官吏不当行为加以约束；"裁之以法"，即对不遵守道德而贪赃害民者予以法律制裁。这便是他的"养之"之道。

（3）"取之"——如何正确选拔官员。

王安石赞扬先王取士之法，自卜而上，"必于乡党，必于庠序"，听众人之言，反复"察之"，问行以察其德，问言以察其才，试事以察真伪，"然后随其德之大小、才之高下而官使之"。而方今取士，一是科举，二是恩荫。由进士科出身者，只会吟诗作赋的"雕虫篆刻之学"，可到公卿；明经等科，只会"强记博诵"，"无用于世"；而恩荫一途，无贤不

肖皆可为官，乃冗官之源，"乱亡之道"。许多真正的人才，
"可以为公卿者"，"绌死于岩野"。王安石大声疾呼，为什
么不向先王学习选拔人才之道，像尧选拔舜一样，通过考察
道德和才干，通过试用，来选拔天下的人才呢？他认为只有
这样做，才是正确的"取之"之道。

（4）"任之"——如何正确提拔官员。

对于官员的使用，王安石主张分辨"高下厚薄"，区别
情况，用人所长。"其德厚而才高者"为长官，"德薄而才下
者"为僚佐，官员任职应当相对稳定，不要频繁调动，这样
就会让有才有德的人作出成绩，无才无德的人暴露问题。同
时实行考绩之法，优者升，劣者黜，平庸无能之人，"固知辞
避而去"。王安石坚决反对任使"不当其才"，反对"在位者
数徙"，甚至于"数日则迁之"，认为这样做害处甚多，有违
"任之"之道。

在新政实施过程中，王安石努力实践自己的人才思想。
熙宁二年（公元 1069 年），王安石参知政事，创立制置三司
条例司开始变法，由于保守派官僚采取不合作或坚决反对的
态度，王安石陆续起用了一大批中、下层官员。如变法之初
负责执行均输法的薛向，当年四月派往各地考察农田水利和
了解下情的刘彝、谢卿材、侯叔献、程颢、卢秉等八人，同
年先后进入条例司任职的吕惠卿、苏辙等人，除薛向为中级
官员外，全是下级官吏，既有才干又有实际工作经验，当时
都是变法的热烈拥护者。随着变法的逐步深入，又有王韶、

曾布、李定、沈括、赵子几、熊本、吕嘉问等德才兼备的低级官员成为变法骨干，分别进入军事、行政、监察、民政、经济等各个领域。王安石用人不拘一格，如布衣"草泽"魏继宗、内侍黄怀信，因为懂水利而受到任用。熙宁三年（公元1070年），王安石任宰相后，推动朝廷制定吏禄，州县吏胥每月六千文至八千文，以后逐年增加。对原先俸禄低微，"贫不足以自养，则往往陷于苟贱不廉"的低级官吏如县令、参军、录事、县尉、主簿等，均于熙宁四年（公元1071年）秋增加了俸禄。在加俸养廉的同时，王安石还设重法以杜绝请托之患，有力地抑制了官场贪赃枉法的腐败风气。几经波折，王安石终于在熙宁四年（公元1071年）二月开始改革科举，废除了明经诸科，改变了进士科的考试内容和考试方法，推出《三经新义》，进一步匡定了经义考试的内容和训释标准，除试"经"外，更试"论"、试"策"，注重培养学子治国安邦的学问。当年十月，王安石又整顿太学，颁行"三舍法"，在生员选拔、学官任命、课程设置、学规学纪等方面，进行大规模的改革，并规定上舍生学行卓著者可以免除乡试、省试，直接由朝廷授予官职。除太学外，土安石还设立了武学、律学和医学，将科举与学校教育结合起来，从各个方面网罗天下人才，为国家所用，以期为国家培养出经世致用的各方面人才，尤其是新政亟须的能够理财富国和领军守边的谙熟"邦国之大计""治人之要务""安边之计策"的人才，成功地推行并坚持他的新政措施。

五、兵制改革

宋王朝百年来的积贫积弱同募养百万以上的军队有着密切的关系，因而革除军队的种种弊端，便是这场变法运动的关键问题之一。

改革兵制，是王安石变法的重要内容，推行保甲法、保马法、将兵法和设立军器监等，都是为了实现变法的总目标——富国强兵。

宋太祖建国之初，禁军、厢军总数计二十二万人。以后不断增加，宋仁宗庆历时增至一百二十五点九万，宋英宗时略有减少，但亦有一百一十六点二万，宋神宗初年仍是这个规模。养兵如此之多，给国家造成了沉重的经费负担。宋仁宗皇祐年间（公元1049年—1053年），主管财政的三司使蔡襄向朝廷报告，全国军队年支出四千八百余万缗，占国家年度收入总额的80%多。由于北宋军队长期存在兵不识将、将不专兵、军纪松弛、号令不严、给养不均、训练不常等等严重弊端，军队的素养极差，战斗力十分低下。

宋英宗即位后，鉴于庆历年间军队人数的激增，诏令裁减军队，常备军下降为一百一十六点二万人。宋神宗熙丰年间，王安石变法，裁减军队，实行保甲法。熙宁四年（公元1071年）常备军人数为九十九点一万人，元丰年间禁军人数为六十一点二万人，一定程度上减轻了政府的财政负担，但宋政府把养兵的经济压力转嫁到民众身上。据《文献通考·兵考五》记载，熙宁九年（公元1076年）在籍义勇、保甲及民兵共七百一十八万两千零二十八人。这么多义勇、保甲担负了平时社会治安和战时保家卫国的重任，而其作战时的所有花费完全靠个人承担。大量的军队，成为国家财政的重要负担。在这种情况下，王安石推行了他的军事改革举措。

第一，实行将兵法，废除更戍法。宋仁宗庆历年间，针对更戍法之弊，范仲淹曾在陕西对军队编制进行过调整，使"兵将相谙"。宋神宗即位后，渭州知州兼泾原路经略安抚使蔡挺开始在本军区进行改革，打乱禁兵原有编制。王安石主政时，蔡挺任枢密副使，熙宁七年（公元1074年），朝廷将蔡挺的做法稍加变更，推广各地。京畿设三十七将，鄜延五路设四十二将，东南六路设十三将，全国设九十二将，军队人数从三千人到一万人不定，军队部署完毕，士兵不再随意调动，固定在某一地区，由固定将领就地训练，做到将兵相知，同时规定，军将"各专军政"，州县不得干预。

第二，实行保甲法，寓兵于农。熙宁三年（公元1070年），《畿县保甲条例》颁行。按该法，乡村住户每五家组一保，五保为一大保，十大保为一都保。凡有两丁以上的农户，选一人来当保丁，保丁平时耕种，闲时要接受军事训练，战时便征召入伍，实现兵农合一。以住户中最富有者担任保长、大保长、都保长。到熙宁九年（公元1076年），各地"义勇、保甲民兵"多达七百一十八万人，形成规模庞大的地方武装。

第三，实行军器监法，改良武器。宋朝的兵器制造原是由三司胄案管理。由于三司事务繁忙，无暇顾及胄案，加上胄案主管人员不重视也不懂得武器的制作，所以兵器的质量大多低劣，不堪战用。熙宁六年（公元1073年）八月，王安石废除三司胄案，设军器监，"总内外军器之政"，统一管理全国各地武器的制作，并且招募工匠，致力改良武器。

第四，实行保马法，改善军马供应。由于缺乏优良马场，宋军马匹供应严重不足。熙宁五年（公元1072年），宋神宗下诏许开封府界各县保甲养马，由提点司给配马匹。次年，颁行保马法，规定：京东、京西、河北、河东、陕西五路，义勇保甲愿养马者，每户可给马一匹，家产多者可给两匹。府县不超过三千匹，五路不超过五千匹。养马者三等以上户十户为一保，四等、五等户十户为一社。马死病，保甲马由保主独为赔偿，社马由社赔一半。不久，保马法推行到其他各路。

另外，王安石还提出引入竞争机制，对禁军、厢军进行考核，不能胜任作禁军的降为厢军，厢军中不能担负职责者，免为平民。同时，缩短士兵服役年限，裁汰老兵，合并军营，精简军队，军队数量由宋英宗时的一百一十六万锐减到五十六万[1]。

---

[1] 参见陈胜利著：《当改革遇见王安石》，清华大学出版社2018年版，第116—117页。

作为"强兵"的措施，经过王安石改革，宋军的战斗力得到了一定程度的提高，多少加强了宋军在边防战线上的作用。

六、结　论

北宋中期，冗官、冗兵、冗费"三冗"问题严重，变与不变，成为一种两难的选择。变法必会涉及各个阶层利益关系的调整，从而引发权力的角逐，加剧既得利益集团内部的冲突，导致政局的动荡与引起朝廷内部地纷争，这种情况，在王安石变法过程中全部遇到过。

王安石变法涉及的领域包括社会经济、政治、军事与文化等各个方面，大体而言，在熙宁二年（**公元 1069 年**）至熙宁九年（公元 1076 年）的八年中，主要有三个方面的变法措施陆续颁布。一是引领国家富裕的条文，如均输法、青苗法、农田水利法、免役法、市易法、方田均税法；二是以军队强大为导向的条令，如保甲法、军器监制度、保马法、将兵法；三是以整顿吏治与提升教育内涵为目的的法令，尤其是关于科举制度的改革与完善。

王安石的治国理政是一套比较系统的政治设计及其治理国家的政治实践主张，核心内容则表现在他的理财主张及其发展经济的实践上面。

王安石的理财主张，其目标是"为天下理财"、改变国家积弱积贫的状况，目的是要把潜存于自然界的财富尽可能发掘出来，因此他提出的理财方针，是"因天下之力以生天下之财"，在实施他的这一理财主张和方针时，是"以农事为急"。在农业生产的问题上，他所提出的三件要紧的事，就是"去其疾苦，抑兼并，便趣农"。

王安石理财的成效集中表现在中央财政收入的增加上面，国家财政有了增加，但改革并未能实现"富民"的主张。没有处理好"富国"与"富民"的关系，民众并没有在这场改革中获得多少实际利益，代表豪强势力的各大利益集团又因为"抑兼并"损害到他们的既得利益而强烈反对与破坏新法，这是王安石变法失败的主要原因。

王安石变法，或多或少地收到了一定的成效。例如，农田水利法的推行，不但使各地都大量兴建疏浚了陂塘堤堰等水利灌溉工程，而且修治河北诸河，使其大致都能循河道流行，所出"退滩地"及用河中泥沙淤淀的土地多达四万余顷；开封府界诸河沿岸实行淤田的结果，每年增收的谷物也达数百万石。据《宋史·食货志·农田篇》所载，自熙宁二年（公元1069年）至九年（公元1078年），在全国修建成功的水田、民田与官田合计，共为363000余顷。其夏秋两季的收获，自必较前大有增加，初步落实了"欲富天下则资之天地"的主张。青苗法的推行，由政府以低利率出贷钱粮，使农户都可及时地从事于耕种和收敛，而不再忍受兼并之家的高利盘剥。募役法的推行和差役法的废除，使得一大批"力田之民，脱身于公"，使尽可能多的人能够"尽其力"，自然也就会使得尽可能多的土地能够"尽其利"。

熙宁变法虽然失败了，但王安石并没有失败，变法使他从北宋文人士大夫群体中脱颖而出，一跃而跻身于中国古代为数不多的大政治家的行列，并且永远也在中国最伟大改革家群体中占有了一席之地。

附　录

一、主要参考书目

（元）脱脱等撰：《宋史》，中华书局 1985 年版。

（清）毕沅撰：《续资治通鉴》，中华书局 1999 年版。

（宋）李焘撰：《续资治通鉴长编》，中华书局 2004 年版。

（清）黄以周等辑注，顾吉辰点校：《续资治通鉴长编拾补》，中华书局 2004 年版。

（宋）杨仲良撰：《皇宋通鉴长编纪事本末》，黑龙江人民出版社 2006 年版。

（明）陈邦瞻撰：《宋史纪事本末》，中华书局 2018 年版。

曾枣庄、刘琳主编：《全宋文》，上海辞书出版社 2006 年版。

王水照主编：《王安石全集》，复旦大学出版社 2017 年版。

白钢主编，朱瑞熙著：《中国政治制度通史》（第六卷，宋代），人民出版社 1996 年版。

漆侠主编：《中国改革史》，河北教育出版社 1997 年版。

齐涛主编，江晓涛、李晓著：《中国政治通史——动荡与变迁的宋辽金政治》，泰山出版社 2003 年版。

梁启超等编著：《中国六大政治家》（下册），《王荆公》，中华书局 2014 年版。

邓广铭著：《北宋政治改革家王安石》，生活·读书·新知三联书店 2017 年版。

范立舟著：《王安石的为官之道》，人民出版社 2017 年版。

于之伟、李鹏主编，袁岂凡著：《帝国的归宿》（两宋卷），中国华侨出版社 2018 年版。

陈胜利著：《当改革遇见王安石》，清华大学出版社 2018 年版。

二、王安石行政大事记

庆历二年壬午（公元 1042 年），二十二岁

王安石登进士甲科，签书淮南节度判官厅公事。

庆历七年丁亥（公元 1047 年），二十七岁

知鄞县。

庆历八年戊子（公元 1048 年），二十八岁

知鄞县。

皇佑元年己丑（公元 1049 年），二十九岁
知鄞县。

皇佑三年辛卯（公元 1051 年），三十一岁
以殿中丞通判舒州（今安徽潜山）。

皇佑四年壬辰（公元 1052 年），三十二岁
官舒州。

皇佑五年癸巳（公元 1053 年），三十三岁
官舒州。

至和元年甲午（公元 1054 年），三十四岁
自舒州赴京，特授集贤校理，辞不受，归临川。

嘉祐元年丙申（公元 1056 年），三十六岁
为群牧司判官。

嘉祐二年丁酉（公元 1057 年），三十七岁
五月改太常博士，知常州。

嘉祐三年戊戌（公元 1058 年），三十八岁
三月，自常州移提点江东刑狱。

嘉祐四年己亥（公元 1059 年），三十九岁
提点江东刑狱。

嘉祐五年庚子（公元 1060 年），四十岁
任三司度支判官，寻直集贤院。王安石上万言书言天下事。

嘉祐六年辛丑（公元 1061 年），四十一岁

为工部郎中、知制诰、纠察在京刑狱。

嘉祐七年壬寅（公元 1062 年），四十二岁

知制诰。

嘉祐八年癸卯（公元 1063 年），四十三岁

知制诰。

三月，仁宗崩，英宗（赵曙）立。

八月，母吴氏逝于京师，十月归葬江宁。

治平四年丁未（公元 1067 年），四十七岁

正月，英宗崩，神宗（赵顼）立。诏以故官知江宁府。

九月，召王安石为翰林学士。

神宗熙宁元年戊申（公元 1068 年），四十八岁

四月，自江宁入京。神宗诏越次入对。王安石上《本朝百年无事劄子》。

熙宁二年己酉（公元 1069 年），四十九岁

二月，以谏议大夫参知政事。设制置三司条例司，议行新法。

四月，遣使察农田水利赋役于天下。改解盐法。

五月，王安石上《进戒疏》。

七月，行均输法。

九月，行青苗法。

十一月，颁农田水利敕，置诸路提举官。

熙宁三年庚戌（公元 1070 年），五十岁

参知政事。

二月，韩琦上疏请罢青苗法，付条例司疏驳颁告天下。琦再疏申辩。

三月，始以策试进士，置刑法科。

五月，罢条例司归中书。

九月，作东西府以居执政。

十二月，拜同中书门下平章事、史馆大学士。改诸路吏戍法。立保甲法。行募役法。

熙宁四年辛亥（公元 1071 年），五十一岁

同中书门下平章事。

正月，请鬻天下广惠仓田为常平本钱。

二月，更定贡举法，以经义策论取士。

三月，浚漳河。

九月，立太学生三舍法。

熙宁五年壬子（公元 1072 年），五十二岁

同中书门下平章事。

正月，置京城逻卒察谤时政者。

三月，行市易法。

四月，立禁军校试法。

五月，行保马法。

七月，立武学，员百人。

八月，王韶击败吐蕃，城武胜。

颁方田均税法。

十月，置熙河路，以王韶为经略安抚使。

十一月，章惇招降梅山峒蛮，置安化县。

熙宁六年癸丑（公元 1073 年），五十三岁

同中书门下平章事。

三月，兼提举经义局。

置经义局。

置律学。

四月，置疏浚黄河司。

六月，置军器监。

九月，初策武举之士。

复熙河洮岷迭宕等州，神宗解玉带赐安石。

收免行钱。

十月，开直河。

章惇击平南江蛮，置沅州。

熙宁七年甲寅（公元 1074 年），五十四岁

三月，行方田均税法。

四月，以吏部尚书、观文殿大学士出知江宁府，新法遭遇首次挫折。

五月，罢制科。

十月，置三司会计司。

熙宁八年乙卯（公元 1075 年），五十五岁

二月，复拜同中书门下平章事、昭章馆大学士。

六月，进加尚书左仆射，兼门下侍郎。《诗书周礼三经新义》成，诏颁于学官。

十月，罢手实法。

十一月，交趾入寇，以赵高、李宪讨之。熊本击降渝州獠，置南平军。

熙宁九年丙辰（公元 1076 年），五十六岁

十月，罢为镇南军节度使、同平章事、判江宁府。

元丰元年戊午（公元 1078 年），五十八岁

正月，进尚书左仆射，封舒国公、集禧观使。

元丰三年庚申（公元 1080 年），六十岁

安石奏《乞改三经义误字》。

六月，诏中书详定官制。

九月，新官制成，诏行之。

加特进尚书左仆射、门下侍郎，改封荆国公。

元丰七年甲子（公元 1084 年），六十四岁

乞以宅为僧寺，赐名"报宁"，又以田割入蒋山。

元丰八年乙丑（公元 1085 年），六十五岁

三月，神宗崩，宋哲宗（赵煦）即位，高太后临朝。

罢京城逻卒及免行钱。

废浚河司巘逋赋。

七月，罢保甲法。

十一月，罢方田法。

十二月，罢市易法，罢保马法。

哲宗元祐元年丙寅（公元 1086 年），六十六岁

闰二月，罢青苗法，复常平旧法。

三月，罢免役法。

四月初六，王安石病逝，赠太傅。

八月，范纯仁以国用不足请再立常平残谷敛散出息之法，台谏交章言其非，遂再诏常平依旧法，青苗钱更不支俵。